大师的智慧

冯友兰

蒋晔 著

河北出版传媒集团
河北人民出版社

图书在版编目(CIP)数据

冯友兰/蒋晔著．—石家庄：河北人民出版社，2012.10

(大师的智慧)

ISBN 978-7-202-06864-9

Ⅰ.①冯… Ⅱ.①蒋… Ⅲ.①冯友兰(1895～1990)-生平事迹 Ⅳ.①K825.1

中国版本图书馆 CIP 数据核字(2012)第216995号

丛 书 名 大师的智慧
书　　名 **冯友兰**
著　　者 **蒋　晔**

责任编辑 贺秀红
美术编辑 李　欣
封面设计 艺凡设计工作室
责任校对 余尚敏

出版发行 河北出版传媒集团 河北人民出版社
(石家庄市友谊北大街330号)
印　　刷 河北新华第一印刷有限责任公司
开　　本 880毫米×1230毫米 1/32
印　　张 5
字　　数 81 000
版　　次 2012年10月第1版 2012年10月第1次印刷
书　　号 ISBN 978-7-202-06864-9/K·1049
定　　价 15.00元

出版说明

二十世纪是中华民族波澜壮阔、生死存续、浴火重生的世纪。本世纪的初始，就是《辛丑条约》的签订，清政府向列强出卖主权，赔款白银九亿八千万两，神州大地被列强豆剖瓜分，上海黄浦公园的门口竖起“华人与狗不得入内”的牌子，亡国灭种的威胁摆在每一个中国人的面前。

“尧之都，舜之壤，禹之封。于中应有，一个半个耻臣戎。”（陈亮语）富有自强不息传统的中国人从鸦片战争就开始了救亡图存的不懈奋斗。经过一百多年、成千上万人的流血牺牲，终于在1949年迎来了新中国的成立。

“千秋耻，终已雪。中兴业，待人杰。”（冯友兰语）从那时到现在，华夏儿女又开始了民族复兴的伟业。虽然历经反右派、三年大饥荒、十年内乱的曲折，在上世纪八十年代初进入了改革开放的伟大时代，中华民族开始跨越发展，迅速崛起，在21世纪初成为综合国力强盛的大国、强国，国际地位空前提高，国家影响日益扩大。

一百年来，从南方到北国，从大陆到海外，东西南北中，工农商学兵，各行各业，涌现了成百上千的名家大师，他们以各自的智慧为民族的解放，国家的强盛，人民的幸福做出了巨大的贡献。回顾他们的人生，汲取他们的智慧是一项极有意义的工作。

蒋晔先生是我国著名的专栏作家、学者、文化策划人。他从1994年开始采访中国现代文化名人，迄今已采访了三百余人，积累了许多宝贵的资料，出版了数种文化名人访谈录，在文化界和读者中产生了相当的影响。

我社与蒋先生的合作始于2007年的《我的心是一面镜子》一书。2008年合作推出《文化名人人生智慧丛书》，受到了文化界和读者热烈欢迎。从本辑起，为简洁易记更名“大师的智慧”。本丛书的特点是“小故事，大智慧”，通过大师的精彩故事，阐发他们的人生智慧，给读者以启迪。该丛书每辑十册，介绍十位大师，敬请读者留意。

河北人民出版社

2012年7月

序言　五十知天命

本丛书能够得以和读者见面，不能不提到李世琦兄。世琦兄是我北京师范大学历史系的老同学，他因知我、又知河北人民出版社，所以，在他的努力下，开辟了《文化名人人生智慧丛书》这一图书系列。正如他的预测，该丛书已出版的10册，得到大家的厚爱，竟连续获奖，精神文明、物质文明双丰收。这都是我兄世琦的功劳！

这套丛书引起了同在河北人民出版社工作的贺秀红女士的高度关注，在世琦兄引荐下，我得以幸会小贺。多次交流，使我深知小贺热爱此丛书之原因，她心目中所追求的那种生活状态，正需要大师的智慧所指引，她要在编辑此丛书的过程中，升华自己的觉悟，并把大师的智慧，去利益众生。

更让我感动的是，在世琦兄和小贺共同努力下，出版社的诸位高层领导，均大力支持这个《大师的智慧》丛书，希望在更高层面上进行策划、设计与出版，并作出重要批示。这一情景，使我在今年知天命之年到来之时，更加明白了“天命”两字的深刻含义。

“人的命，天注定”、“天命不可违”，是两句一俗一雅的古语，是中华民族文化中非常重要的一个思想。何谓“天命”？规律也。

我从1994年开始访问中华文化名人，至今已近20年。从当年的全国非常少见的、带有系列性的、在报纸发表的“独”家访谈，到现在的各家报社、杂志、电视、网络，都特别重视“大师的智慧”，此乃“天命”也。众人需要智慧，时代需要智慧。人类失去智慧，世界将会怎样？肯定是毁灭。作为一个人，在社会上生活，如果没有一点人生智慧，你肯定到处碰壁，一事无成。为了人生的幸福，去寻找智慧吧！大智慧，便是“知天命”。

“知天命”，就是知“天人合一”的关系。在“天人”之间，真正理解：人法地，地法天，天法道，道法自然的规律。人在大自然这个世界、宇宙里，最根本的是要“顺其自然”，而不可能“人定胜天”。“人定胜天”是小聪明，而不是大智慧。

在大自然里，矿物、植物、动物，千奇百怪，丰富多彩。在动物中，人又是其中之一，形形色色，各种各样。这一切都是大自然的造化，你想把这种造化，搞一次“同化”，那是不可能的，这种要“同化”的思维、行动，其方向就是错误的，下再大的力气，也是无用功。理解了“顺其自然”，便会敬畏大自然，便会尊重生物的多样性，尊重世界的多元化，尊重文化上的差异，以“兼和”为哲学基础，去为人类造福。

“兼和”者，兼容众异、得其平衡。对“众异”进行“兼容”，其目的是达到一种“平衡”状态。当代著名哲学家张岱年先生，用毕生精力所总结出来的“兼和”思想，在将来日益显耀。我通过他的弟子、清华大学教授刘鄂培先生，才知其如此重要，便写入了2008年北京奥运会“中国印”摩崖石刻的碑文之中，被国家所确认。“知天命”者，“兼和”也。

“天命不可违”，即是：“兼和不可违”。“人的命，天注定”，即是：“人的命，兼和来注定”。你拥有多少“兼和”思想，你的“命”就“注定”了多少。

我近20年所访问的文化大家，其智慧，可用很多精彩的语言来表达，但归根结底是两个字：“兼和”。这便是大道至简。

蒋　晔

写于北京颐和山庄紫霄园

目　录

冯友兰：海阔天高我自飞

冯友兰先生去世于1990年，享年95岁。他这一生，不是喜剧，也不是悲剧，而是悲壮之剧，他的命运与中华民族近百年的命运共沉浮，他是这个时代知识分子在坎坷遭遇之中，天下兴亡、匹夫有责的象征。冯先生的一生，是一部历史大片，我相信总有一天，电影巨片《冯友兰传》会问世，因为他是我们这个民族旧邦新命、走向共和、走向现代化的缩影。

“三松堂”的天地境界

“三松堂”是冯友兰先生在北京大学燕南园57号的寓所称谓，从上个世纪50年代开始，直到今天，冯先生及其女儿宗璞一家，一直住在此处，光阴已越半个世纪。庭院有三棵松，挺拔青翠，生机盎然，冯先生热爱松之品格，故命寓所为“三松堂”。2008年2月春节期间，我陪同冯先生的弟子、清华大学教授刘鄂培先生，为筹办张岱年先生百年诞辰纪念活动，而到此拜访宗璞老师。宗璞二话没说，当即在倡议书上签字支持。

正值隆冬时令，万木凋谢，唯有“三松堂”院中的松树常青，我猛地想到“岁寒，然后知松柏之后凋也”这句格言。这句格言，不正是对冯先生一生的写照吗？

三松堂庭院及冯先生手写匾额。

冯友兰这一生大灾大难，没有过上几天平静安逸、可以好好做学问的日子。在1949年之前，他经历了血与火的战争。在此之后，他又深陷灵魂深处闹革命的阶级斗争。所庆幸的是，冯先生从1980年之后，到1990年，即85岁—95岁这10年，他赶上了改革开放的新时代，才使他的人生圆满地画上了一个句号。他以大自由、大自在的人生境界，口述完成了他的巨著《中国哲学史新编》七卷，在耳不聪、目不明的身体状况下，他要“海阔天高我自飞”。

我常常想，如果冯友兰先生在残酷的阶级斗争中，想不开而自杀、或者身心疲倦而未长寿、或长寿而万念俱灰，那么，他的最重要的、晚年精华著作，便不可能诞生。可以说，他的第二次学术生命，是从85岁开始的。我们扪心自问：您见过这样的老人吗？85岁还在以极大的毅力、干着自己未竟的事业。在这期间，他病

冯友兰安葬于北京万安公墓。

重过几次，只因《中国哲学史新编》未完成，他抓紧到医院治病，他甚至说：“现在治病，是因为书未写完。等书写完了，就不必治了。”临近95岁的时候，巨著写完了，想说的话说完了，没有遗憾了，他便说走就走了，巨著完成后4个月，他安然离去，离他的生日只差几天。他的遗体火化那一天，即1990年12月4日，这一天正是他的生日，他的生与死、赤条条来去无牵挂同在一天，时间怎么会是如此巧合？他超越了生死，死对他来说，是涅槃、是重生。

他的学生涂又光讲：在冯先生生命的最后半个月，他还断断续续说了一些话。我注意到，这些话里都没有“死”字，更没有说他身后如何。我领悟到，他言不及死，是因为他心无死字。先生是超越死生的人。这就是他在《新原人》中讲的天地境界。先生之学的中心问题，是人生精神境界中的天地境界。天地境界，就是“极高明而道中庸”的境界。有天地境界的人，对于死生大事的态度，是“存，吾顺事；殁，吾宁也”。

生亦顺化，死亦顺化，毫无芥蒂萦怀，所以超越死生。挨批挨斗，若无事然，照样吃得，照样睡得。不吸烟，不嗜酒。坚持锻炼身体，并有从师习武的童子功，收藏兵器的爱好。得享高寿，岂是偶然。为此，我作了一副挽联，悬挂在冯先生遗体告别仪式的灵堂：

为天地立心，为生民立命，求仁得仁，安度九十五岁；

誉之不加劝，非之不加沮，知我罪我，全凭四百万言。

冯友兰的女儿宗璞讲：“‘存，吾顺事；殁，吾宁也。’父亲很赞赏张载《西铭》中的这最后两句，曾不止一次讲解：活着，要在自己恰当的位置上发挥作用；死亡则是彻底的安息。对生和死，他都处之泰然。”

冯友兰先生是一位将天地境界视为人生最高境界、并完全融入自己生活之中的哲学家，可以讲，他是一位真正的哲学家，因为他明白了生死，了却了生死。也正是这个原因，哲学的智慧让他渡过了生命中的千难万险、刀山火海。冯先生在波涛汹涌、海浪滔天的人生大海中能够长寿，实在不容易，其根本之因，源于他的天地境界。

冯先生在其所著《新原人》中提出了人生的四种不同层次的精神境界，即自然境界、功利境界、道德境界和天地境界。哲学的目的和作用是，使人最终达到最高层次的天地境界，在日常生活中体验到生命的永恒意义，与天地同流，与宇宙同在。这也就是中国传统哲学中所说的“极高明而道中庸”。

有天地境界的人不必做什么特别的事情，他的生活就是普通人的生活，但对于有这种境界的人来说，这样的生活，已经有了与一般人完全不同的意义，过这样生活的人，才能真正体会到人性的解放、自由的至乐。“极高明而道中庸”中的“高明”，是指人生的最高精神境界，“中庸”是指日常生活。二者的统一，就是中国传统哲学中所说的内圣外王之道，也就是超越了自然和人类界限的天人合一。

人生境界说可以说是冯友兰哲学思想中最珍贵的部分。他曾说，平生立论最不可改变的就是境界说。人对于宇宙人生的觉解程度，有所不同。因此宇宙人生对于人的意义，亦有不同。自然境界是指人对其行为只有生物直觉；功利境界指人知其行为是满足自己的私欲；道德境界指人知其行为是利他的，是有益于社会公益的；天地境界，亦即哲学境界，指人对其行为还自觉有超社会、为天地立心的意义。前两者是自然的产物，后两者是精神的创造。

冯友兰与张岱年的哥哥张申府是好朋友，张申府是中国共产党的创始人之一，他是周恩来的入党介绍人，他把罗素哲学介绍到中国，对中国产生了极大影响。正由于这层关系，冯友兰便看上了毕业于北京师范大学的张岱年，于是就把堂妹冯让兰介绍给他，两人结为百年夫妻。作为冯友兰妹夫的张岱年，对冯先生知之甚深，我在访问岱老时，他讲：

冯先生在《新理学》《新原人》等著作中，强调提高精神境界。从他的态度、言行来看，他确已达到很高的精神境界。他的态度谦和宽温，待人接物，从无疾言厉色。20世纪50年代，他虽然表示赞同唯物主义，但仍多次受到批判，他坦然怡然，从无愠色。当时对冯先生的批判实有过“左”之处。在“文化大革命”中，冯先生更受到猛烈的冲击，当时冯先生表现了类似“见侮不辱”的超脱态度。

上世纪80年代初以来，冯先生强调《易传》所说“修辞立其诚”。有一天他对我说：“现在我赞成《庄子·逍遥游》所说的宋荣子的态度：‘举世而誉之而不加劝，举世而非之而不加沮。’我认为是真理的，就要坚持了。”我当时对他说：这正是哲学家应有的态度，本来就应如此。其实这也是唯物主义者应有的态度。对于冯老的这次表态，我表示深切的敬意。

宗璞老师讲：老实说，几十年来，从我的青年时代开始，耳闻目睹，全是对父亲的批判。父亲自己，无日不在检讨。现在看来，人们的看法愈来愈接近事实，这是长寿的好处。父亲曾说：长寿的重要在于能多明白道理，尤其是哲学道理，若无生活经验，那是无法理解的。

从父亲身上我看到了一点，即内心的稳定和丰富，这也可能是长寿的原因之一。他在具体问题前可能踌躇摇摆，但他有一贯向前追求答案的精神，甚至不怕否定自己。历史的长河波涛汹涌，在时代证明他的看法和事实相悖时，他也能一次再一次重新起步。我常说中国人神经最健全，经得起折腾。这和儒家对人生的清醒、理智的态度和实践理性精神，是有关系的。而中国传统文明的另一重要精神，无论是曾点“浴乎沂，风乎舞雩，咏而归”的愿望，或是庄子游于无何有之乡的想象，或是“我来问道无余说，云在青天水在瓶”的禅宗境界，都表现了无所求于外界的内心的稳定和丰富。

照父亲的了解，那“孔颜乐处”，是把出世和入世的精神结合起来，从而达到彼岸性和此岸性的一致。所以能“胸次悠然”。所以父亲能在被批判得体无完肤、又屡逢死别的情况下活下来，到晚年依然思路清楚、记忆鲜明，没有一点老人的执拗和怪癖。有的老先生因看不懂自己过去的著作而厌世，有的老先生因耳目失其聪明而烦躁不安，父亲却依然平静自如。其实他目力全坏，听力也很可怜。但他总处于一种怡悦之中。没人理时，便自己背诗文，尤爱韩文杜诗。有时早上一起来便在喃喃背诵。“青青陵上柏，磊磊涧中石。人生天地间，忽如远行客。”“浩浩阴阳移，年命如朝露。人生忽如寄，寿无金石固。”他在诗词的意境中似乎觉得十分安宁。

2008年2月宗璞老师送我一书，书中有一篇她写的重要文章《向历史诉说》，她在文章中写道：“二十世纪的学者中，受到见诸文字的批判最多的便是冯先生。甚至在课堂上，学生们也先有一个指导思想，学习与批判相结合，把课堂讨论变成批判会。”“应该说的是，冯先生对于批判者从来不心存芥蒂，在家里从来没有对哪一个个人表示过不满。他知道烧烤别人的人自己并不好受，而且大多后来也受到烧烤。‘夫子之道忠恕而已矣’，我在父亲身上感到他充满理解与同情的博大胸怀。

他的心境如光风霁月，如晴空碧海，他‘俯仰无愧怍，海阔天空我自飞’。他晚年不参加任何会议，一方面是因为身体欠佳，另一方面正表现了他看破一切、潇洒自如，‘愈写愈自由’的心境。”

宗璞说：“父亲一生对物质生活的要求很低，他的头脑都让哲学占据了，没有空隙再来考虑诸般琐事。而且他总是为别人着想，尽量减少麻烦。我持家的能力很差，料理饭食尤其不能和母亲相比，朋友都惊讶我家饭食的粗糙。

而父亲从没有挑剔，从没有不悦，总是兴致勃勃地进餐，无论做了什么，好吃不好吃，似乎都滋味无穷。这一方面因为他得天独厚，一直胃口好，常自嘲‘还有当饭桶的资格’；另一方面，我完全能够体会，他是以为能做出饭来已经很不容易，再挑剔好坏，岂不让管饭的人为难。

1959年10月为庆祝国庆十周年冯友兰与夫人合影。

我觉得父亲是有些仙气的，这仙气在于一切看得很开。在他的心目中，人是与天地等同的。‘人与天地参’，我不止一次听他讲解这句话。《三字经》说得浅显，‘三才者，天地人’。既与天地同，还屑于去钻营什么！

父亲的呆气里有儒家的伟大精神，‘天行健，君子以自强不息'，自强不息到'知其不可为而为之'的地步；父亲的仙气里又有道家的豁达洒脱。秉此二气，他穿越了在苦难中奋斗的中国的二十世纪。”有人曾访问冯先生，问其长寿养生秘诀，他意味深长而又幽默地说：“不……着……急。”

冯友兰的一个学生，曾亲眼目睹了1952年对冯友兰的一次猛烈批判，他在回忆录中写道：“对他最猛烈的一次批判是在1952年的'三反''五反'运动中，我现在回想起来还有点毛骨悚然。那次文科师生大会事先没有说是对他的批判会，但临时有社会学系的教师走上讲台，对冯先生作突击式的长篇政治批判，内容无非是说冯是国民党蒋介石的'御用文人'，由蒋介石聘为家庭教师，'一贯为国民党效犬马之劳'之类。批判中虽没有什么实质性的揭露，但由于批判人声嘶力竭的表情，摩拳擦掌的姿态，再加上当时群众反蒋的政治热情，气氛确是很吓人的。这样的批判会在后来，尤其在反右和'文革'期间，也就司空见惯了。但在当时的清华园，却是破天荒第一遭。

我当时想，发言的教师乃是一位'积极分子'，他站出来批冯一定是清华教员党总支布置的任务，冯先生自己也会意识到这是有来头的。当时他在座位上默不作声，我恐怕他会忍受不了而萌发轻生之念，所以就对坐在我旁边的李广田先生低声说：'会后请你陪冯先生回家吧！'李广田也感到有此必要，开完会就一路陪送他回家。次日我询问了李先生，他说冯先生尚平静，没有沮丧的表情。我当时想，冯先生倒真是学通了孔子'君子不忧不惧'的教导，能做到处变不惊、临危不惧。"

一位北大哲学系的学生回忆，冯友兰在"文革"中的主要任务就是必须完全否定自己。他印象最深的一件事是，某次系里传达毛主席最新指示："扩大教育面，缩小打击面，彻底孤立一小撮阶级敌人。"传达完毕，示意冯友兰表态，他会意地说："我理解毛主席的话，扩大教育面，再扩大也扩大不到我冯友兰；缩小打击面，再缩小也包括我冯友兰，因为我就是一小撮阶级敌人。"这正是冯友兰在狂风骤雨之中与众不同之处。怪不得与冯先生同时代的佛学研究专家汤用彤，早在抗日战争时期的云南昆明，就对冯友兰有过如此评价："南方人聪慧，北方人朴重，南方人才多于北方，北方人才不出则已，出一个就不平常，像冯芝生，南方少见。"

横渠四句

北宋哲学家张载，是陕西省眉县横渠镇人，世称横渠先生，他最为著名的“横渠四句”是：“为天地立心，为生民立命，为往圣继绝学，为万世开太平。”冯友兰先生对此心向往之、高山仰止。

他的学生、现为清华大学教授、80多岁的羊涤生先生告诉我：“记得他在清华时住在乙所，一进门就挂着张载的‘为天地立心，为生民立命，为往圣继绝学，为万世开太平’，横批是‘继往开来’。我们这些当时的学生们，在背后议论，把乙所叫做‘太乙洞天’，把冯先生叫作‘太乙真人’。学生们主要是就气象而言的。”

最有意思的是，冯友兰的这位学生，在其客厅也挂着“横渠四句”，书写者是他的另一位老师张岱年先生。看来，张载的哲学精神，在冯友兰师生那里一脉相承。而且这个传承又延续到羊涤生教授的外孙那里。2010年秋季的一天，我去羊教授家，看到岱老所写“横渠四句”书法条幅的最下面，盖有几处卡通印章，一看便知是儿童所为。羊教授见我发现了此事，便告知是几岁的外孙所为，他十分生气，便叫外孙写了一份检讨书。我要了这一份具有纪念意义的幼儿检讨书：“前天，我犯了一个天大的错。我把姥爷的老师张岱年亲笔写的、宋代张载写的横渠四句的条幅上，盖了我的印章，这个条幅上写的是‘为天地立心，为生民立命，为往圣继绝学，为万世开天平。’在去shítáng（食堂）的路上，老爷狠狠地pīpíng（批评）了我，于是，回到上地，我把这首诗读了一遍，děng（等）我长大后我一定ànzhào（按照）这首诗说的bàn（办）。回到家中，我把这个jiǎntǎo（检讨）写了下来。我觉得这首诗写得很好。”看来，羊教授也成了“太乙真人”。

冯友兰先生的侄女冯仲芸，与任继愈成婚，任先生后来担任国家图书馆馆长，是我国著名的宗教学研究专家。作为侄女婿的任继愈，对长辈冯友兰了解很深。我多次拜访他，更多地了解到冯先生为什么常常以“横渠四句”抒发心中思考的原因：“冯友兰学术活动的时代，在20世纪。中国人是怀着屈辱走进20世纪的。1900年，八国联军占领了中国的首都北京，赶走了皇帝，迫使中国签订了不平等条约。从此，中国时时处在被瓜分的边缘。20世纪给中华民族的历史使命是救亡图存，促进中国现代化，迅速摆脱半殖民地的地位。冯先生的哲学史是在这种背景下撰写的。它是一部学术著作，却又不是纯学术的著作。国家危难，唤醒了广大爱国人士，人们从不同的岗位提出救亡图存的主张。企业家提出实业救国，教育家提出教育救国，各政治团体和党派也都提出了他们的救国纲领。

旧版《中国哲学史》出版于1934年，当时日本军已经占领东北三省，冯先生在《中国哲学史》序二中写道：

此第二篇稿最后校改时，故都正在危急之中，身处其境，乃真知古人铜驼荆棘之语之悲也。值此存亡绝续之交，吾人重思吾先哲之思想，其感觉当如人疾痛时之见父母也。吾先哲之思想有不必无错误者，然“为天地立心，为生民立命，为往圣继绝学，为万世开太平”，乃吾一切先哲著书立说之宗旨。无论其派别如何，而其言之字里行间，皆有此精神之弥漫，则善读者可觉而知也。

《序》中用了‘铜驼荆棘’的典故，绝不是夸大其词。当时的中国确实处在亡国的边缘。当时，日本军用飞机无限制地在市区上空低空飞行，学生上课时飞机噪音干扰了讲课，有时不得不停一两分钟，等飞机过去接着再讲，机翼上鲜红的日本徽志刺伤了每一个中国人的心。北京已经是一个边城。果然，1937年，日本侵略战争全面开始了。

10年后，冯友兰先生在战争流离颠沛中先后出版了几部哲学专著，《新理学》《新事论》《新世训》《新原人》等六部。他在《新原人》序中说：

‘为天地立心，为生民立命，为往圣继绝学，为万世开太平’，此哲学家所应自期许者也。况我国家民族值贞元之会，当绝续之交，通天人之际，达古今之变，明内圣外王之道者，岂可不尽所欲言，以为我国家致太平，我亿兆安心立命之用乎？……此《新理学》《新事论》《新世训》及此书所由作也。

《中国哲学史》出版10年后，也就是在日本侵略军战败投降的前二年，冯先生再次提出张载的‘为天地立心，为生民立命，为往圣继绝学，为万世开太平’的名言，国家危难之际，爱国知识分子的历史使命感，一片赤诚跃然纸上。”

从羊涤生先生、任继愈先生那儿所知，冯友兰先生在20世纪30年代、40年代、50年代，一直反复倡导“横渠四句”，在其最后的著作《中国哲学史新编》于1990年写完之际，他仍在书的结尾处写上：

“为天地立心，为生民立命，为往圣继绝学，为万世开太平。”高山仰止，景行行止。虽不能至，心向往之。

可以讲，北宋哲学家张载的“横渠四句”，是我们了解冯友兰一生并真正理解他的金钥匙。因为，这“四个为”贯穿了他的春夏秋冬四季。为此，我们就不难理解冯先生为什么能在国难当头、生活极其艰苦的条件下写出“六书”；为什么能在空前强大的压力下不自杀、不发疯、也不沉默；为什么能在耳目失其聪明、生活完全不能自理的最后10年，写成巨著，创造出学术史上的奇迹。他为了“四个为”，他为了这个多灾多难国家和民族的“旧邦新命”。

冯友兰先生在1946年西南联大纪念碑上，首题《诗经》的两句诗：“周虽旧邦，其命维新。”他写道：

将来建国完成，必于世界历史，居独特之地位。盖并世列强，虽新而不古；希腊、罗马，有古而无今。惟我国家，亘古亘今，亦新亦旧，斯所谓“周虽旧邦，其命维新”者也。

这是冯先生的平生得意之作。

1982年，冯先生赴美国哥伦比亚大学接受名誉博士学位，在此致辞中，87岁的他再次向人们阐释了自己的人生追求：

我经常想起儒家经典《诗经》中的两句话：“周虽旧邦，其命维新”。就现在来说，中国就是旧邦而有新命，新命就是现代化。我的努力是保持旧邦的同一性和个性。而又同时促进实现新命。

他在《三松堂自序》中说：“我常以身为中国人而自豪，因为中国人既有辉煌的过去，又有伟大的将来……我经常想起儒家经典《诗经》中的两句话：‘周虽旧邦，其命维新。’就现在来说，中国就是旧邦而有新命，新命就是现代化……中华民族的古老文化虽然已经过去了，但它也是中国新文化的一个来源，它不仅是过去的终点，也是将来的起点。将来中国的现代化成功，它将成为世界上最古也是最新的国家……新旧相续，源远流长，古老的中华民族文化将放出新的光彩。”

1987年，92岁的冯友兰再次表达他的“旧邦新命”观点：

凡古老的民族，都有许多文化传统，后来的人应当溯其源而究其流。择其善者而从之，其不善者而改之。从之是继承，因为这是历史在旧基础上的发展；改之也是继承，因为这也是历史在旧基础上的发展。从之改之结合起来，这个民族的特色就表现出来了。

《诗经》有一首诗说，“周虽旧邦，其命维新”，我把这两句诗简化为“旧邦新命”。这四个字，中国历史发展的新阶段足以当之。

“旧邦”指源远流长的文化传统，“新命”指现代化和建设社会主义。‘阐旧邦以辅新命’，余平生志事盖在斯矣。”

羊涤生先生告诉我：“1988年秋，我去芝生师家，看到他自书对联‘阐旧邦以辅新命，极高明而道中庸’。他说：‘前一联是说我所做的工作，后一联是讲的境界。’我感到概括极好，以芝生师的二部中国哲学史而言，主要是‘阐旧邦’，但并非为‘阐旧邦’而‘阐旧邦’。‘阐旧邦’的着眼点乃在于‘辅新命’，他的‘贞元六书’也是为了‘辅新命’”。

“阐旧邦以辅新命，极高明而道中庸”这个对联，在1988年7月10日，由93岁的冯友兰先生在眼睛近于失明的情况下书写，他虽然看不见，类似盲写，全凭感觉，但是，他的心是无比的光亮。他这一生就是为此使命而来。冯友兰曾在《三松堂自序》中回忆此时的心情：

经过“四人帮”这一段折腾，我从解放以来所得到的政治待遇都取消了，我又回到解放初那个时期的情况。这也可以说是“赤条条来去无牵挂”吧。可是又不然，还是有一件大事牵挂着我，那就是祖国旧邦新命的命运，中华民族的前途。

正是在冯友兰思想影响下，我在2006年至2008年直接参与推动了第29届北京奥运会“中国印”摩崖石刻的策划工作，并有幸在2008年3月参与了《“中国印”摩崖石刻记》碑文的撰写工作。当我接到这个任务后，我在第一时间所写的第一稿中，立即想到了冯友兰先生所倡导的“横渠四句”和“旧邦新命”这个理念。当我拿着第一稿征求均已80多岁高龄的刘鄂培先生和宗璞老师的意见时，他们都给予了肯定的指导，我便沿着这个思路，完成了这篇碑文。当读者朋友念及碑文时，您一定会发现冯友兰思想的光影：

“中国印”摩崖石刻记

经北京奥组委授权华夏文化纽带工程组委会并与北京市密云县人民政府共同建设的“中国印”摩崖石刻工程，由北京城建六公司施工建设，在中国改革开放30周年之际、北京奥运会举办之时竣工落成。

北京奥运会会徽“中国印·舞动的北京”，将肖形印、中国字和奥运五环有机结合，幻化成一个向前奔跑、舞动着迎接胜利的运动人形，表达北京张开双臂热情欢迎世界各国朋友的到来，它凸显了中华文化的特色，凝聚了新北京、新奥运，绿色奥运、科技奥运、人文奥运的理念，展现了奥林匹克和平、友谊、进步的宗旨，更快、更高、更强的精神。它是北京奥运会留给中国人民，留给奥林匹克运动的宝贵财富。

“中国印”摩崖石刻高96米、宽38米，铭刻在海拔968米的云蒙山云龙涧主峰，是博大精深的中华文化与国际奥林匹克精神完美结合的标志，为北京奥运会留下永久的记忆，是奥运史上的文化创举。其功著矣，特作此颂，勒石以志：

华夏文明，源远流长。炎黄子孙，道合阴阳。

筚路蓝缕，饱经沧桑。众志成城，崛起东方。

自强不息，改革开放。北京奥运，新命旧邦。

厚德载物，兼和益彰。中国之印，如意吉祥。

摩崖石刻，灿烂乐章。云蒙高耸，日月同光。

俯瞰碧水，烟雨茫茫。眺望幽燕，关山苍苍。

为天地立心，正气浩荡。

为生民立命，宠辱皆忘。

为往圣继绝学，智慧未央。

为万世开太平，人类无疆。

华夏文化纽带工程组委会

密 云 县 人 民 政 府

公元二〇〇八年六月

在此碑文中，我将“旧邦新命”，调整为“新命旧邦”，以求押韵。我将北宋哲学家张载的“横渠四句”，以排比句形式出现，并加以新的解释，使“四个为”的内容更易为今人所理解。也正是由于我将冯友兰先生的“旧邦新命”思想和张岱年先生的“兼和”思想，融入了北京奥运会“同一个世界，同一个梦想”的理念之中，才使得这个碑文在前后上报的多个碑文中被迅速确认，碑文的核心部分“颂”，北京奥组委在组织专家学者讨论和上层领导审定时，一个字也未改动。不久，这个碑文便被镌刻在北京密云县云蒙山之巅。“中国印”摩崖石刻，是中国有史以来最大的摩崖石刻，其耸立山顶，高达33层楼。这是世界奥林匹克历史上的首创，其成为中华民

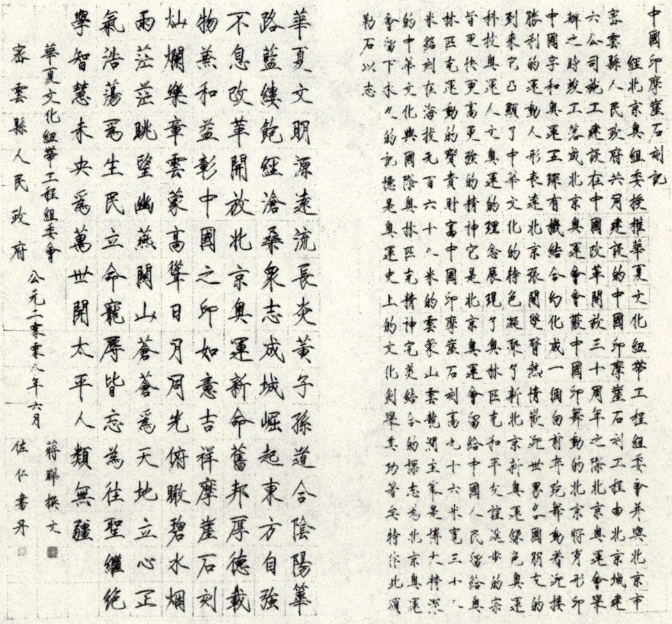

中国当代著名书法家刘佐仁先生所书“中国印”摩崖石刻记。

族21世纪崛起复兴的象征之一。我想，渴望着中华民族早日强大的冯友兰先生、张岱年先生的在天之灵，对这个碑文所弘扬的思想一定会十分欣慰。《“中国印”摩崖石刻记》，在一定意义上可以称之为北宋张载“横渠四句”碑、当代冯友兰“旧邦新命”碑和张岱年“兼和”思想碑。

“中国印”摩崖石刻重要推动者之一、《“中国印”摩崖石刻记》撰写者蒋晔先生2008年7月13日在北京密云县参加剪彩仪式。

经世致用的哲学

为总结张岱年“兼和”思想、为《“中国印”摩崖石刻记》碑文做出重要贡献的刘鄂培教授，曾告诉我一个故事：1985年5月，我到芝生师燕南园寓所，就讲授《中国思想史》中的几个问题求教芝生师。当我告别时，他紧握着我的手，将我拉在他身旁的椅子上，说：“我还有话要说呢！”

芝生师说："当前社会上的所谓'不正之风'，有如人体上长了脓包，现在的办法是采取西医的动手术办法，将脓血挤掉，敷上药膏。这是不能解决问题的。第一个脓包好了，下面又生出第二个；第二个治好了，下面再生出第三个。这种办法叫做治标不治本。"

"何谓治本？"我问。

"若按照中医的治疗办法就不同。人体上长脓包，是由于血中有热毒。治疗的办法是先清血。血中的热毒被清除，然后脓包自愈。"

"那么，对社会'不正之风'又如何治本？"我进一步问。

"关键在于提高社会道德水平，提高人的精神境界！"芝生师果断地说。

"不正之风"在1985年芝生师说这番话的时候，还不是十分严重，也没有引起社会的广泛重视。今天，我们重温芝生师的这一席话，感触更深：芝生师思想敏锐、洞察过人，他为医治社会"不正之风"所开的药方，真是一语切中时弊。1985年，芝生师已年届九十高龄，仍在为我们民族、国家、社会的安危而思考。芝生师的这种"匡时济世""经世致用"的学风，至垂暮之年仍不稍减。多么不易，多么可贵！

1985年10月，芝生师九秩大寿前夕，他嘱我篆刻一方闲章。请示印文，芝生师说："刻'敝帚自珍'四字。"我以"敝帚自珍"四字刻朱文、白文石章两方作为寿礼。芝生师愉快地接受了这份小小的礼物，并挥毫书"元遗山论诗绝句"以赠我："眼到心生句自神，暗中摸索总非真；画图临尽秦川景，亲到长安有几人。"芝生师以联系实际、深入实际来勉励我。我十分珍爱它，一直挂在书房里。因为这幅条幅是芝生师在"老年白内障"困扰下，双目几近失明时书写的；所书的诗句，体现出芝生师"匡时济世""经世致用"的思想。

羊涤生教授回忆时说：芝生师晚年致力于《中国哲学史新编》。在他撰写过程中，我有幸多次登门拜访、请教，深感他思想越来越活跃，每次都有许多新的想法，使我深受启发。他自己也曾对我说："我现在自己怎么想就怎么写，不再依靠旁人。斩名关，破利索，俯仰无愧怍，海阔天空我自飞。"又说："文章自有命，不仗史笔垂，文章能出或不能出，都无所谓，且留于后人评说。"

有一次，我问他《中国哲学史新编》的下限准备写到什么时候？他说："准备一直写到现在，包括毛泽东和我自己。"我当时感到这是一个极为大胆的想法，因为这将碰到不少"敏感"的问题，而这在当时的学术界一般是尽量回避的，但我另一方面又很想知道芝生师对这些问题的看法。当时他大概正在写《中国哲学史新编》第四册，因此我建议他能不能倒过来写，即先写第七册，然后回过来再写其他部分。其实，我当时内心深处的真实想法和忧虑是，芝生师已届九十高龄，而且耳目已失其聪明，还能不能坚持写完第七册，实在很难说。大家所最关心的第七册如因此而不能问世，岂非成为千古之憾。但芝生师自己却对此十分有信心，他斩钉截铁地说："不行，我只有一本一本往下写，才能使人看出中国的哲学思想是如何一步步一环扣一环地发展到今天的，否则将引起误会。"当我问到第七册的主要意思时，他说："其实我在第七册中要写的中心思想，在我的《三松堂自序》最后一章《明志》中已经透露了。中国的古老文化虽然已属过去，但它是中国新文化的一个重要来源，它既是过去的终点，也是未来的起点。"

他还说过，他的《新编》是"越写越薄"。我分析一是由于冯先生当时年事已高，不可能也不必要再去寻章摘句，寻找更多的材料；而更重要的是，《新编》的任务，主要是阐清冯先生最后的观点和心得，而不在于所引材料的多少。《新编》"越写越薄"，也说明冯先生观点更成熟，更洗炼了。

后来我认识到，冯先生把《新编》的下限规定到“现在”，并非偶然兴之所至，而这正是冯先生治学的最终关怀。冯先生从不回避现实问题，甚至可以说从来就是积极干预现实的。我记得1949年后，我在清华大学听冯先生的第一门课，就是“毛泽东思想研究”，这在当时也是十分大胆的。这也正是他后来自勉的“阐旧邦以辅新命”的一贯宗旨所在。既然“阐旧邦”是为了“辅新命”，自然就不能回避现实，所以就必须写到“现在”，而个人的荣辱风险，则并非所计了。在这里，我们也可以感受到作为一代哲人的胸怀。

冯友兰在最后的10年，是如何完成《中国哲学史新编》的，他的女婿蔡仲德在回忆录中写道：“80年代所出《新编》的写作极为艰难。因为时间紧迫，精力有限，家属、亲友、学生纷纷劝冯先生接着‘文革’前已经出版的两册往下写。冯先生却不为所动，坚持从头写起。

这就不得不面对种种困难：行动不便，生活不能自理；双目几近失明，不能阅读也不能书写；还有各种疾病的困扰，仅1989年8月至1990年7月，一年之内就曾五次住院治疗。所有这些都未能阻挠《新编》写作的进程。生活不能自理，思考仍在进行；不能阅读、书写，就凭口授写作；病来住院，无法写作，就打腹稿，病去出院，写作更加速进行。

冯先生曾说，写作是“拼命的事”，“凡是任何方面有成就的人，都需要有拼命精神”，“历来的著作家，凡是有传世之作的，都是呕出心肝，用他们的生命来写作的。”

他的学生涂又光回忆说：“这部154万字的中国哲学通史，是一位90岁左右的老人，听别人念资料，重新独立研究，口授而成的。有人建议他口授大意或提纲，由别人起草，念给他听，由他定稿。他不同意。倒不是别的原因，唯一的原因是，只有他亲自逐字逐句地写作或口授时，他的新见，才能自己冒出来。他是用自己的生命，一

90岁的冯友兰以顽强的信念支撑写作。

字一句地进行创造。”

任继愈先生曾说过这样的话：“出于高度的历史使命感，他在垂暮之年，用全力捍卫中国文化，继承既往，铸造未来。他振奋精神，战胜年老多病的折磨，克服连遭亲人伤逝的悲痛，承受疾风骤雨的冲刷，写他的哲学史。90岁以后，目近失明，耳近失聪，耗尽最后心力来完成他的哲学史。如果没有一种特殊的使命感作为精神支柱，换上另外一个人，早已支撑不住了。”

那么，人们不禁要问冯先生在他最后的著作中，要告诉世人什么样的重要思考呢？我们仅举几处，大家便可明了这位哲学大师，在古稀之年高度活跃的思维的广度和深度：

（一）政治有两种，一种是“王”，一种是“霸”，前者“以德服人”，后者“以力服人”，中国的历代王朝都是用武力征服来建立和维持其统治的，这些都是霸。至于以德服人的，则还没有。

（二）基督教文化重天，是天学；佛教多讲人死后之地狱轮回，是鬼学；中国文化重人，是人学。宋明道学尤其着重讲人，要人辨义利公私，提高境界，其方法则是“极高明而道中庸”，此即中国传统文化的特质。

（三）中国维新时代的主题是向西方学习，进步的人们都向西方学习，但不能倒过来说，凡向西方学习的都是进步的人们。洪秀全和太平天国所要学习而搬到中国来的，是西方中世纪的神权政治，那正是西方的缺点。西方的近代化正是在和这个缺点的斗争中而生长出来的。洪秀全和太平天国如果统一了全国，那就要使中国倒退几个世纪。曾国藩阻止了中国的倒退，这就是一个大贡献。他也有大过，那就是他开创了以政带工的方针政策。西方国家的近代化走的是以商带工的道路，这是一个国家从封建进入近代化的自然道路。曾国藩违反了这个自然道路，因而延缓了中国的近代化。

（四）国民革命之后的革命，陈独秀尚未认识东西文化不同的根本原因，是自然经济与商品经济的不同，从自然经济到商品经济，需要一个相当长的历史时期，所以继国民革命而起的革命，只能是资产阶级的民主革命，而不能是无产阶级的社会主义革命，所以半封建半殖民地社会，不能直接进入社会主义社会。

（五）按民主集中制的思想，人民的意见，经过集中必须统一，在会议中，一个议案的表决必须全体一致，选举必须全票，可见民主集中制下的民主是最民主的了。用这种办法所得到的结果，是“同”而不是“和”，因为它不能容忍少数，它不能容忍“异”。从“和”的观点看，少数固然应该服从多数，多数也应该容忍少数。凡是关于行动方面的事，少数应该服从多数，凡是无关于行动的事，多数应该容忍少数，使他们把不同意见保留下来，不仅保留在他们的头脑中，而且可以发表宣传。人民的意见总是不完全一致的。民主有一条基本原则：少数服从多数。还要加上另方面的原则：多数容忍少数。多数容忍少数只能使人民更加团结，国家更加统一，不会乱“套”。作为一个政治家，毛泽东似乎是知“同”而不知“和”。有中国特色的社会主义的蓝图已经可约略地看到了，它将是以“和”为中心的中国文化的继续和发展，这个继续和发展将是中华民族在理论上和实践上对人类的大贡献。

（六）毛泽东一生分为三个时期，其第一时期是科学的，第二时期是空想的，第三时期是荒谬的，其空想来自马克思主义的空想部分，即认为马克思主义提出了社会主义、共产主义的理想，而未解决实现此理想的道路问题，所以各社会主义国家都不得不进行改革；商品经济不能越过，因而不能不顾及生产力的发展水平，超前建立社会主义，无产阶级和资产阶级一样，不过是资本主义社会中的一个对立面，并不代表新的生产力、生产关系，它即使取得政权，其任务也应该是推动生产力的发展，为更高级的社会形态的出现准备条件，而更高级的社会形态的出现则需要第二次产业大革命。

（七）毛泽东思想的来源之一是中国古典哲学，毛泽东在认识论、在一般与特殊关系问题上继承并发展了中国古典哲学，在辩证法问题上则抛弃了中国古典哲学“仇必和而解”的路线，而实行了“仇必仇到底”的路线。

（八）客观的辩证法不是“仇必仇到底”，而是中国古典哲学的“仇必和而解”，现代社会，特别是国际社会，是照着这个客观辩证法发展的，人是最聪明的、最有理性的动物，不会永远走“仇必仇到底”那样的道路。这就是中国哲学的传统和世界哲学的未来。

由此可见，晚年的冯友兰“修辞立其诚”，不再依傍别人谈观点，他要根据自己的思考，作出自己的结论。他说：“如果有人不以为然，因之不能出版，吾其为王船山矣。”冯友兰先生讲，我到后来越写越感到自由，写到最后一册、最后一章时，更感觉到了“海阔天空我自飞”的大自由。

冯友兰先生

冯友兰小传

冯友兰，字芝生，著名哲学家、哲学史学家、教育家，北京大学教授。1895年生于河南南阳市唐河县，1990年去世，享年95岁。

冯友兰1915年考入北京大学，1920年留学美国哥伦比亚大学，1923年任中州大学教授，1926年任燕京大学教授，1928年任清华大学教授，后任文学院院长、西南联合大学教授，并任美国宾夕法尼亚大学客座教授、夏威夷大学客座教授，获普林斯顿大学名誉文学博士学位、印度德里大学名誉文学博士学位、哥伦比亚大学名誉文学博士学位。1983年后任全国政协第六届、第七届常委，并任中国文化书院名誉院长、中华孔子研究所名誉所长。其重要著作有：《新理学》《新事论》《新世训》《新原人》《新原道》《新知言》等“贞元六书”，又著《中国哲学史》《中国哲学简史》《中国哲学史新编》（七卷）等“三史”，并出版《三松堂全集》。

冯友兰的故事

1

冯友兰的父亲曾在湖北省崇阳县做过知县，他讲："按我的家庭出身和个人所受的教育，我的思想感情都打上了绅权的烙印。"冯友兰后来虽然长期致力学术事业，但他不是一个单纯的文化人。他在学术、事功方面都有自己的追求，并长期担任清华大学的文学院院长，表现出了相当强的行政工作能力。这都与他年幼时在崇阳县衙中的生活有很大关系。

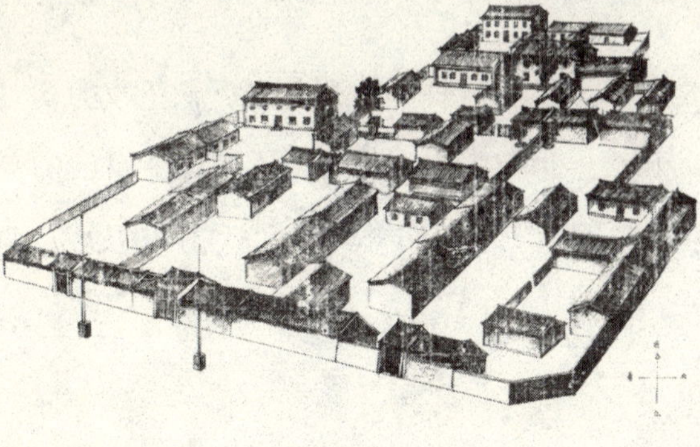

冯友兰先生在河南唐河县的祖居示意图。

2

1912年，冯友兰来到上海中国公学，得到了一个受西方文化影响较大的学习环境。但是，在这样的学习环境中，他并没有完全放弃对中国传统文化的深入了解。由于他得到河南省官费的资助，经济条件比较宽裕，这使得他在课余之后，常常到上海河南路一带去寻觅新旧书刊，购买了二十四史之类的大部头中国典籍。

3

冯友兰在中国公学喜欢逻辑这门课程，使得他向往学习西方哲学。他说："我学逻辑，虽然仅仅只是一个开始，但是这个开始引起了我学哲学的兴趣。我决心以后要学哲学。"他的班主任说他："你要当孔夫子呀。"

4

冯友兰是北京大学中国哲学门开办以后，招收的第二班学员之一。在这一班学生中，唯有他不曾改变自己的专业方向。他在自己的一生中，始终致力于对哲理的思考。

5

在北京大学开学典礼大会上，冯友兰第一次见到了辜鸿铭。在近代中国，辜鸿铭是以他进入民国年代以后，仍然拖着一条小辫子而为世人乐道的，他也颇以自己在民国年代坚持蓄辫而自负。辜鸿铭以英文门教授的身份坐在主席台上，并作了一个长篇发言。

冯友兰回忆说：一是攻击国民政府。辜氏认为，当时国民政府的为官者，都在追求和维护自己的利益，所谓改造社会、建设国家，都不是为官者的真实目的，他们的真实目的，在于保持自己的饭碗。为官者的饭碗，与一般人的饭碗又不相同。他们的饭碗很大，大到能装得下汽车，装得下姨太太。二是指斥当时的趋新者文化素质低下。现在人做文章都不通，他们所用的名词就不通，譬如说“改良”吧，以前的人都说“从良”，没有说“改良”，你既然已经是“良”了，你还“改”什么？你要改“良”为“娼”吗？

6

冯友兰一进入北京大学，即知道黄侃讲学颇受学生欢迎，是北大讲课上座率最高的名教授。当时黄侃在北大讲国学，吟颂古文的声调被北大学生们称作“黄调”。据冯友兰回忆，这种“黄调”抑扬顿挫，十分中听。北大学生学习模仿，趋之若鹜。

7

冯友兰曾经去听刘师培讲中国中古文学史，他回忆说：“他的水平确实高，像个老教授的样子，虽然他当时还是中年。他上课既不带书，也不带卡片，随便谈起来，就头头是道。援引资料，都是随口背诵。当时学生都很佩服。”

8

蔡元培先生1916年底，被民国总统黎元洪任命为北京大学校长。他提倡兼容并包，主张学术自由。在教师队伍方面，他除留用原北大各学科中学有专长的教员之外，新聘陈独秀担任北京大学文科学长。后来又把胡适、梁漱溟等不同类型的人物请上了北京大学讲坛，使得北京大学这座中国的最高学府中，新旧文化、中西文化的阵营更趋分明，也使得学术风气更加自由活泼。在这种学术气氛中，冯友兰觉得心胸一天一天地开朗，眼界一天一天地广阔。

9

胡适在北京大学讲课时所采用的学术方法，正是冯友兰在学习中所迫切需要的方法，他在晚年时仍然肯定胡适当年研究中国哲学史的方法。他说:“这对于当时中国哲学史的研究，有扫除障碍、开辟道路的作用。当时我们正陷入毫无边际的经典注疏的大海之中，爬了半年才能望见周公。见了这个手段，觉得面目一新，精神为之一爽。”

10

从大学三年级上学期开始，冯友兰选定了三个研究课题：欧美最近哲学之趋势、逻辑学史、中国名学钩沉。这三个课题除“逻辑学史”的指导教师为章士钊之外，其余两个课题的指导教师都是胡适。

11

冯友兰和他的同学们，为了更多地了解东西方的学术文化，还成立了自己的组织，即北京大学哲学会。哲学会制定了自己的活动章程，把“商榷东西诸家哲学”作为自己的活动宗旨。

12

1914年，冯友兰与任载坤订婚。其时，任载坤正在北京女子师范学校读书，是河南蔡县人，长冯友兰一岁。其父任芝铭为清光绪年间举人，后参加同盟会，思想开明。任芝铭有六个女儿，长女、二女和三女载坤，都曾经入北京女子师范学校读书。民国初年，这所学校在中国是女子最高学府。任家能将三个女儿都送进北京女子师范学校读书，说明任家也同冯友兰的家庭一样，远非一般的乡户人家可比。

13

冯友兰晚年曾经说过："我也是五四运动时代的人，但是我在北大1918年就毕业了，没有赶上1919年5月4日那一天。我在北大毕业以后，回到开封，在一个中等专科学校教国文和修身。有几个朋友商议，也要在河南宣传新文化，响应五四运动。我们大约有十几个人，每人每月出五块钱，出了一个月刊，叫《心声》……这个刊物的内容很平庸，但在当时的河南，这是唯一的宣传新文化的刊物了。"

1918年6月毕业于北京大学，同学们与校长蔡元培（前排右四）及部分教授合影。二排左四为冯友兰。

14

冯友兰是河南最早响应新文化运动的先驱者之一，他和友人创办了《心声》杂志，那时，他才20多岁，任教于河南省立开封第一师范学校。1918年暑假，他和嵇文甫等人发起创办杂志，每人月捐资5元，作为创办刊物的经费，冯友兰任主编，初为周刊，每期1000份左右，发行省内外。冯友兰在发刊词中说其宗旨："打破社会上教育上之老套，惊醒其迷梦，指示以前途大路而促其进步。"

15

1919年，河南官费留学人员的计划中，有一个名额被定为哲学，冯友兰报名参加河南组织的出国留学人员考试。1919年5月，冯友兰在河南初试合格，于6月份来到北京，参加教育部主持的出国留学人员的复试，结果也获得了成功。

16

冯友兰决定去美国以后，为了选择一所理想的大学学习，曾经专门请教胡适。胡适介绍说:“美国的哈佛大学和哥伦比亚大学哲学系都是有名的，但是哈佛的哲学是旧的，哥伦比亚大学的哲学是新的。”胡适劝冯友兰进哥伦比亚大学学习西方哲学。

17

冯友兰到美国之后，写成《中国的官气与美国的商气》一文，刊发在河南留美学会主办的《河南留美学生年报》1920年第1期上。在这篇文章中，冯友兰把他感受的美国社会概括为“商气”，而把当时中国的社会概括为“官气”。冯友兰晚年忆及自己当年初到美国的感受时，更是认定当时的美国为“商国”，而视当时的中国为“官国”。他认为中国是一个长期认同“君子喻于义，小人喻于利”的国度。因此，人们崇尚道德价值，漠视商业活动。在金钱方面，中国人往往是“有孔不入”。而在美国，社会生活的方方面面，无不充满商业气息。人们为了金钱、利益，常常是“无孔不入”。

18

冯友兰在美国留学期间，与罗家伦等北大同学交往甚多，这一时期同时在欧美留学的，有傅斯年、段锡朋、何思源等人。这批北大学生，后来都是旧中国教育界和学术界的著名人物。特别是傅斯年和罗家伦，二人学成归国以后，更是具有重要影响的人物。罗家伦担任过清华大学校长和中央大学校长，傅斯年则长期在中央研究院工作，并曾代理过北京大学校长，去台湾后担任了台湾大学校长。

19

冯友兰出国时，为了向《心声》杂志社同仁辞行，写下了新诗《留别同社诸君》：

我便要泛舟太平洋，

适彼岸，共和邦；

也是想贩些食物，

救这饥荒。

我们既认清这条路，

便行去，不可懈怠，无须思量。

我们既把他养活这么大，

纵千辛万苦，也莫使中途夭殇。

我殷勤留语：

我们的努力，他的安康。

20

初到美国时，冯友兰在自己的日记中说："几年来日记时记时辍，犹可诿曰人事牵掣也。今离父母，别妻子，远来此异邦，为求学也，宜勇猛精进，艰苦卓绝，持之以恒。此本日记即为练习有恒之心之一端，此本日记若记不完，非人也。"

21

冯友兰如何安排赴美留学？他讲："在中国留学生中，大部分还是好好学习的，但是对于学位的态度很有不同。有些人不要学位，随便选课。有些人认为，只要个硕士学位就够了。因为要想得到博士学位，就要选一些学校要求选而实际上没有多大用处的功课……所以很多留学生，只要得一个硕士就够了。我是想要得个博士。我的想法是，学校所规定的那些要求，就是一个学习方案，它所以那样规定，总有一个道理。照着那个方案学习，总比没有计划，随便乱抓，要好一点。”

22

冯友兰十分重视法国哲学家柏格森1913年在伦敦心灵研究会上的一篇讲演:“西洋的学问，是从‘物质’下手的。所以到现在才有心灵研究会。假使要有一个地方，从来没有跟欧洲交通过，而其学问，是从‘心’下手的，恐怕见了汽船、火车，要大惊小怪，而要设一个物质研究会呢。研究物质，非精密不可，所以西洋人得了一个精密之习惯。从‘心’下手研究的人民，一定不知道什么是精密确定。”

23

1920年泰戈尔访问美国，冯友兰在纽约拜访他，当面请教有关东西方文化比较中的问题。冯友兰说：“我自从到美国以来，看见一个外国事物，总好拿它同中国的比较一下。起头不过是拿具体的、个体的事物比较，后来渐及于抽象的、普通的事物；最后这些比较结晶为一大问题，这是东西洋文明的比较。”

24

在冯友兰与泰戈尔的交谈中，讨论得比较集中的问题，是东西文化的差异问题。在冯友兰的思考中，东方文化与西方文化是各成系统的文化，差异是客观存在的，但这种差异是“等级”的差异呢，还是“种类”的差异呢?

泰戈尔说：东方文化与西方文化的差异，是“种类”的差异，这表现为东方民族与西方的“人生目的”不同。西方的人生目的是活动，东方的人生目的是实现。西方民族的人生目的，使他们追求进步，追求财富，追求个体的利益，而无远大的人生价值目标。东方民族的人生目的是“实现”，这使得东方人注意求真去弊，追求自己认定为真理的价值理想和目标。

25

泰戈尔认为东方文化的缺陷正在于“静”，他告诉冯友兰：“东方人生，失于太静，真理有动、静两方面，两样都不能偏废，有静无动，则成为惰性；有动无静，则如建楼阁于沙上。现在东方所能济西方的是‘智慧’，西方所能济东方的是‘活动’。”

26

泰戈尔告诉冯友兰：东西方文化由于“种类”不同，东西方民族对于“心”“物”的价值的理解也存在差异，这使得东西方文化之间存在矛盾和冲突。但是，东西方文化可以互“济”，两者的矛盾并不是不能调和的。学西方文化之长，补东方文化之短。现在西方对我们是取攻势，我们也该取攻势。我只有一句话劝中国，就是“快学科学”！东方所缺而急需的，就是科学。

27

冯友兰非常注意中西文化的相同之处。他在日记中写道：“西洋村庄与中国村庄大同，惟城市异耳。犹之乎小孩初生之哭声同，而长大后言语不同，可见人性相同。”

28

冯友兰在读过梁漱溟的《东西文化及其哲学》以后，曾在信中告诉梁漱溟自己对于中西文化差别的理解：“东方之长在能阐明物我一体之理，有精神的大我，以笼罩一切个体，而其弊在抑制欲望、冲动；西洋在满足欲望、冲动，而其弊在只知有个体，而不知有大我，人与人之间只有外的关系而无内的关系。

29

梁漱溟认为西方文化是一种物质文明，或说科学文明，中国文化是一种伦理本位文化，印度文化是宗教本位文化，这三种文明构成人类文化中的不同系统，标志着人类文化的几个不同层面，代表人类文化发展过程中逐步演进的几个步骤。

依梁漱溟的观念，西方文化是人类文化发展中的低层面文化，中国文化在文化层次上高于西方文化，印度文化是人类文化中最高层面的文化。因此，就人类文化的发展趋向来说，西方文化会向东方文化发展，而印度文化应当是人类文化发展的最高阶段与最终归宿。冯友兰提出疑问：为什么西方人应当彻底改信孔子？为什么将来全人类应当都是佛陀信徒？

30

梁漱溟等人主要强调东西文化之异，冯友兰则肯定东西方文化有共同趋向，因而有相互理解、沟通的可能性。他说：“我们现在所注意的是东西文化的相互阐明，而不是它们的相互批评。应该看到这两种文化，都说明了人类发展的共同趋势和人性的共同原则，所以东西文化不仅是相互联系的，而且是相互统一的。”

31

冯友兰的女儿宗璞说，他父亲的生活中，有“呆气”，有“仙气”，也有情趣盎然的时刻。父亲自奉甚俭，但不乏生活情趣。他并不永远是道貌岸然，也有豪情奔放、潇洒闲逸的时候，不过机会较少罢了。1926年父亲31岁时，曾和杨振声、邓以蛰两先生，还有一位翻译李白诗的日本学者一起豪饮，四个人一晚喝去了12斤花雕，人均喝下3斤。

32

1930年6月，冯友兰在清华大学学生毕业典礼上致辞：“事业方面有二，一为学问，一为事功，二者本无轩轾，宜各就性之所近为之。人物有两种：一为英雄式的，一为圣贤式的；前者为立功之人，后者为立德之人。希望毕业诸君留意为之。”

33

冯友兰说，清华大学校长梅贻琦有一套当校长的办法，一是通才教育，二是教授治校，三是学术自由。梅贻琦曾有一个著名的论断：教授才是学校的主体，校长不过是率领职工，给教授搬椅子凳子的。

34

“九一八”事变后的第三天，冯友兰以清华大学校务委员会成员和文学院院长的身份，主持清华大学教职工大会，报告北平教育界对“九一八”事变的反应，呼吁清华大学的教职工们联合起来，积极投入救助东北同胞的工作。这次会议决定组织清华大学教职员公会对日委员会，冯友兰被推选为主席，并被推举为清华大学出席北平教育界和天津教育界对日联合会的代表。

35

1931年11月，冯友兰作为清华大学教职员工代表，出席张学良将军召集的北京高校抗日代表茶话会。会上张学良主张政府与民众紧密团结，联合抗日；不主张青年学生以罢课、罢学的方式，表达对日本侵略者的愤慨。他认为，青年学生罢课、罢学业，正是日本侵略者所希望看到的。因为青年学生不接受良好的科学文化教育，从长远来看，必将进一步导致国家民族的贫弱，这实际上为日本帝国主义实现其侵略中国的罪恶野心提供了条件。冯友兰十分赞赏这种主张。

36

冯友兰认为：哲学虽然与宗教有别，不能够替代宗教，但哲学研究的对象也是人生。宗教能给人的生活以信念和希望，哲学也能够给人的生活以勇气和力量。哲学不同于宗教的地方在于，哲学帮助人们解决人生中的困难，不是求助于超越现实的力量，而是凭借自己的理论。哲学能帮助人们理解生活，当然也包括理解人们的宗教生活。

37

冯友兰曾经同清华大学教职员工一起，募捐慰问辽西战役之后来到北平疗伤的官兵，为慰问十九路军将士捐款。1932年3月，由冯友兰拟订的清华大学教职员公会对日委员会致国民政府的电文中说："报载沪战有妥协之说。同人等以为沪战乃东北事变所引起，决不可局部解决，我军亦无在本国领土内自行退后之理。政府如对日妥协，将何以对已牺牲之将士、人民？应乘此时机继续应战，并立即出兵讨伐伪国，收回失地，以顺舆情。”

38

1932年，冯友兰即已经开始享受清华大学具有留学经历的中国教员的最高待遇。当时，冯友兰的月薪已增至400元银元。除了月薪之外，冯友兰每月还享受100元院长津贴费，月收入实际上已经达到500元。在旧中国，清华大学教职员工的薪酬，外籍教师优于中国教师，具有留学经历的中国教师优于没有留学经历的中国教师。按当时学校的规定，外籍教师工资最低者一月250元，最高者则可达到一月500元。有留学经历的中国教师，月薪最低者200元，最高者400元。

39

1933年冯友兰去英国讲学，在伦敦生活期间，住在大英博物馆附近，他根据《中国哲学史》的内容，拟订了十个讲题，形成了自己的英文讲稿。讲稿写成之后，曾经寄给罗素。罗素致信冯友兰，支持他在英国各大学宣讲中国哲学，罗素认为英国人对中国的传统文化了解得太少。

40

冯友兰游访欧洲，与德国对外文化联络委员会达成了清华大学与德国交换研究生的意向。后来，他同叶企荪一道，拟订了清华大学选派赴德交换研究生简章草案。这个简章在清华大学教授评议会上获得通过后，得到梅贻琦校长的支持，使得清华大学于1935年7月选派乔冠华、季羡林、郭福堂三人赴德国学习。

41

季羡林晚年曾经说："如果没有人帮助，一个人会是一事无成的。在这方面，我也遇到了极幸运的机遇。生平帮过我的人无虑数百。要我举出人名的话，我首先要举出的，在国外有两个人，一个是我的博士论文导师瓦尔特史米特教授，另一个是教吐火罗语的老师西克教授。在国内的有四个人，其中一个是冯友兰先生，如果没有他同德国签订德国清华交换研究生的话，我根本到不了德国。"

42

冯友兰游访欧洲大陆各国时，欧洲诸国并立，从一个地方到另一个地方，即常常是从一个国家，到另一个国家，出关入关，手续繁杂，十分不便。他常有时光倒流之感，就像是回到了中国的春秋战国时代。冯友兰由此深感国家统一的可贵。

43

冯友兰参加在布拉格举行的国际哲学会议。他在为会议提交的论文中认为：东方文明与西方文明，不应注重相互批评，而应注意相互解释，使两者互补、合一。

44

冯友兰曾将封建社会、资本主义社会、社会主义社会的区别，概括为“贵贵”“尊富”“尚贤”。所谓“贵贵”，是指封建社会的本质特征，在于重视身份等级；“尊富”，是指资本主义社会以追求金钱利益为特征；“尚贤”，则是指社会主义社会尊重有知识有技术的人士，这个社会的政治权力，掌握在有知识有技术的人们手中。尚贤是最合理的。

45

1934年10月22日，冯友兰出席清华大学学生组织的现代座谈会活动，他演讲的题目是《在苏联所得之印象》。

他讲：苏联社会制度的形成，有自己的理论基础和根据，把工业化作为国家的建设目标，如果能够圆满实现，那么，苏联这块土地，即可以成为世界上一个新的地方。因为苏联实行公有制，苏联社会中的穷人与其他社会中的穷人并不相同。

在他们社会里当穷光蛋，和在我们社会中当穷光蛋不同。在他们社会中，固然就每个人看都是穷光蛋，然而就整个社会上看，社会中任何一样东西，都有我的一部分在里面的。可是在我们社会中的穷光蛋，无论社会怎么有也是穷光蛋了。苏联推崇知识，注重艺术，人们有组织家庭的自由，信仰宗教的自由，妇女是整个解放的。

46

1934年11月28日中午，冯友兰在清华大学文学院办公室，被人带到北平市公安局，不久，即被加戴手铐，押解至国民党政府的保定行营。在保定，他被迫交待游访欧洲一年的经过，以及他归国之后宣传苏联的言行。当时，国民党政府是以冯友兰有共产党身份的嫌疑，将其逮捕入狱的。

47

清华大学师生得知冯友兰被捕消息之后，群情激愤，校长梅贻琦亲自出面，去见国民党北平行营主任。北京大学校长蒋梦麟、文学院院长胡适，以及冯友兰的老同学傅斯年等人，也分别在北平和南京，参与了营救活动。在上海等大城市中，也引起了强烈反响。眼看着冯友兰被捕之事已波及全国，对他访欧身份的怀疑，也查无实据，这使得国民党政府十分难堪。无奈之下，只好由时任军政部长的何应钦出面，电令保定方面将其释放。

48

冯友兰被捕之后，鲁迅在致友人的信中说："我还是喜欢北京，单是那一个图书馆，就可以给我许多便利。但这也只是一个梦想，安分守己如冯友兰，且要被捕，可以推知其他了。"

49

清华大学学生黄秋耘，曾发表文章说："我在清华大学读书时，冯友兰老师是我们的文学院院长，当时我少年气盛，又是一个响当当的'左派'，对冯老师的哲学观我是不敢苟同的。但是在一二·九运动之后，1936年2月29日清华大学被国民党军警大搜捕时，冯友兰冒着风险掩护一些‘榜上有名’的同学，包括目标最大的黄诚同学，这是使我肃然起敬的义举。”

50

曾担任过中共中央政治局常委、国务院副总理的姚依林，解放后，曾告诉冯友兰，自己就是当年和黄诚一起在冯友兰家中躲避军警搜查的那个学生。冯友兰去世之后，姚依林送花圈表示怀念。

51

1936年春夏之交，李仪祉先生来清华讲学，冯友兰前去拜访，他认为从古到今我国有成就的知识分子，多半是农家出身。虽然有些家庭是地主，但其成员年轻时并未脱离生产劳动，都是半耕半读。

52

抗日战争爆发后，平津沦陷，清华南迁，与北京大学和南开大学联合成立湖南长沙临时大学，文学院设在南岳衡山山麓。作为清华大学文学院院长兼哲学系主任，冯友兰实际上是临大文学院的最高领导，冯友兰的中国哲学史、钱穆的中国通史和闻一多的诗经这三门课，听众极为踊跃，教室窗外挤满了旁听的人。

53

1936年，冯友兰从欧洲考察归来说：“工业革命可以说是近代世界所有革命中之最基本者，有了工业革命，使别的建筑在旧经济基础之上的诸制度也都全变了。”“现在世界是工业化的世界，现在世界的文明是工业文明，中国民族欲得自由平等，非工业化不可。”

54

冯友兰为解决上个世纪30年代文化论争的冲突，他说：我在朋友中间，他们一有说到“西洋化”，我总是要说“工业化”。我们要“工业化”，即与工业化有关者皆要，否则不要。以中国为本位，与“工业化”冲突者去之，不冲突者则存之。

55

冯友兰讲：“西洋文化”代表工业文化类型，如果我们要学，则所要学者是工业化，不是西洋化，不必全盘西化。

56

冯友兰认为，所谓“中国文化”、“西洋文化”的说法，都还未能摆脱从个体的观点看问题，未能揭示出中国文化所属的类型以及西方文化所属的类型。他举例说，张三患伤寒而发热，李四患疟疾而发冷。张三发热是因为患伤寒症，并不是因为他是张三；李四发冷是因为患疟疾，并不是因为他是李四。中国文化的特色及其相对贫弱，西方文化的特色及其相对富强，都是因为它们分属不同的文化形态或类型。只有指出他们各自所属的文化类型，才能把握两者的长短，找到学习西方的明确方向。

57

宗璞回忆说：抗战前，在清华园乙所，父亲的书房是禁地，孩子们不得入内，但是我们常偷偷张望。我记得父亲伏案书写的身影，他听不见外界的一切。他在思想。在昆明为避轰炸，我们住在乡下，进城需步行三个小时，我随在他身后走着，一路不说话。但我感觉到，他在思想。在“文革”期间，我家被迫全家人挤在一间斗室，各处堆满东西。父亲能坦然坐在一盘食物上，害我们找了半天。他不能再感觉别的事物，他在思想。

1935年冯友兰母亲吴清芝将返回河南，全家在清华大学乙所院中合影。

58

冯友兰的成就，一半靠天赋，一半靠勤奋和毅力。1937年，北大、清华等三校迁到湖南，文学院借住衡山脚下的一所学院。他讲授“朱子哲学”，这门课程的讲稿出版时改称《新理学》。他随讲随写，每天按时写作，从不间断。和他同住一室的郑昕说：“冯先生写起书来，简直就像一部开动的机器。”

59

1939年，冯友兰出版了《新理学》，在撰写这本书之前，有一天他对张岱年说：“不论中国和西方，在历史上占正统地位的哲学思想都是理性主义的。”

60

在昆明生活期间，清华大学校长梅贻琦的夫人，自己动手制作糕点出售，以缓经济困难。冯友兰的夫人任载坤，在自家租住的院子里，支起油锅，做起炸麻花的生意，以增加收入，补贴家用。

61

冯友兰的女儿宗璞说：在昆明时自己严重贫血，参加纪念周活动时站着站着就晕倒，后来染上肺结核索性休学在家。当时的治法是一天吃五个鸡蛋，晒太阳半小时。为了补贴家用，冯友兰还曾准备参加西南联大卖字教授的队伍。为此，闻一多曾专门为他刻制了两枚印章，一为“冯友兰之钤”，一为“芝生”。

62

冯友兰长子冯钟辽1941年考入西南联大先修班，后来参军抗日。冯友兰在其《祭母文》中，曾特意提及冯钟辽从军，告慰母亲，表明忠于国家民族的意愿。

63

冯友兰为什么能在抗日战争时期写出“贞元六书”，他讲：“民族的兴亡和历史的变化，倒是给我许多启示和激发。没有这些启示和激发，书是写不出来的。”这六部书，“是对于中华民族的传统精神生活的反思。凡是反思，总是在生活中遇见什么困难，受到什么阻碍，感到什么痛苦，才会有的。如同一条河，在平坦的地区，它只会慢慢地流下去。总是碰到了崖石或者暗礁，它才会激起浪花。或者遇到了狂风，它才涌起波涛。”

64

抗日战争时期，冯友兰给西南联大所写的校歌歌词是：

万里长征，辞却了、五朝宫阙。暂驻足、衡山湘水，又成离别。绝徼移栽桢干质，九州遍洒黎元血。尽笳吹、弦诵在山城，情弥切。　　千秋耻，终当雪。中兴业，需人杰。便一成三户，壮怀难折。多难殷忧新国运，动心忍性希前哲。待驱除仇寇、复神京，还燕碣。

65

关于人生，冯友兰提出四种精神境界，“自然境界”是原始人的境界，儿童幼稚天真的境界。“功利境界”是自私的古今野蛮人的境界。“道德境界”是文明人为公的境界。“天地境界”则是超越社会时空的最高人生境界，也就是人生最高的安身立命之所。如同文天祥在《正气歌》中所说的：“当其贯日月，生死安足论。”就是说，达到这种“天地境界”，就达到超越生死的永恒境界了。

66

冯友兰认为，在天地境界中的人，他的生活就是一般人的生活，他所做的事也就是一般人所做的事。不过这些日常的生活，这些一般的事，对于他有不同的意义，构成他的精神境界、天地境界。

67

冯友兰讲：儒家墨家教人能负责，道家使人能外物。能负责则人严肃，能外物则人超脱。超脱而严肃，使人虽有“满不在乎”的态度，却并不是对于任何事都“满不在乎”。严肃而超脱，使人于尽道德责任时，对于有些事，可以“满不在乎”。有儒家墨家的严肃，又有道家的超脱，才真正是从中国的国风养出来的人，才真正是“中国人”。这种“真正的中国人”，即是具有“道德境界”或“天地境界”的人，这种人正是中国传统文化的产物。

68

逻辑分析方法是西方哲学几千年发展的重要成果，冯友兰称之为西方哲学家“点石成金”的手指头，中国人要的正是这个“手指头”。用清晰的逻辑思辨和确定的概念范畴，来改造中国传统哲学笼统直观的思维方式和模糊多义的表达方式，是中国哲学现代化的一项重要任务，冯友兰的新理学，在这方面作出了突出的贡献。

69

在冯友兰看来，未来世界哲学一定比中国传统哲学更理性主义一些，比西方传统哲学更神秘主义一些。只有理性主义和神秘主义的统一，才能造成与整个未来世界相称的哲学。我们期望不久以后，欧洲的哲学思想，将由中国的直觉和体会来予以补充，同时中国的哲学思想，也由欧洲的逻辑和清晰的思维来予以阐明。

70

有学者评论道：无论从《中国哲学史》英译本看，还是从冯友兰的其他中英文原著看，都应该说促使“新儒学”（或“新儒家”或“New-Confucianism”）一词在中国流行的人物不是别人，而是冯友兰。

71

冯友兰对清华大学人文的发展、学术风格的形成，起了重要作用。王瑶教授讲，这一学术风格应是“清华学派”，其特点是：兼有京派与海派之长。就是微观与宏观相结合，既视野开阔，又不大而空；既立论，又不钻牛角尖。

72

朱自清曾和冯友兰讨论过清华文学院学风问题，冯友兰认为：清朝人研究古代文化是“信古”，要求遵守家法；“五四”以后的学者是“疑古”，他们要重新估定价值，喜作翻案文章；我们应该采取第三种观点，要在“释古”上用工夫，作出合理的符合当时情况的解释。研究者的见解或观点，尽管可以有所不同，但都应该对某一历史现象，找出它之所以如此的时代和社会的原因，解释为什么是这样的。

73

文学院有一位英籍青年教师威廉·燕卜孙，容肇祖觉得“燕卜孙”三字难以入诗，于是请教冯友兰，他脱口而出“堂前燕子已卜孙”七字。后来，冯友兰以金岳霖、刘寿民、杨业治、燕卜孙四人的名字连缀成诗：

久旱苍生望岳霖，谁能济世与寿民。

汉家重现王业治，堂前燕子已卜孙。

74

抗日战争期间，冯友兰著《新理学》《新事论》《新世训》《新原人》《新原道》《新知言》。这六部书，合称“贞元六书”，“贞元”是指“贞”下起“元”。他在《新世训·自序》中解释说：“贞元者，纪时也。当我国家民族复兴之际，所谓贞下起元之时也。”

75

1943年春，冯友兰的学生余景山到重庆中央政治学校人事行政班受训，顺便恳请老师替自己刚出生的儿子取个名字。冯友兰为学生的孩子取名“立纲”。

76

吴讷孙在西南联大上二年级时，有一段时间感到生命空虚，毫无意义，准备自己结束生命。忽然想到要去拜访老师冯友兰，请教人生的真谛。经过冯友兰的劝导，吴讷孙改变了他的消极厌世的人生观，从此积极努力，发愤读书，后来成为美术史专家。由此可见，冯友兰的人生哲学，对青年人所起的巨大感化和教育作用。

77

冯友兰讲：知道中国音乐和西方音乐的，都会偏好西方音乐；知道中国哲学和西方哲学的，都会偏好中国哲学。中国哲学近于文学，和人生的一些问题较易结合起来。而西方哲学常以科学为榜样，往往缺少文学的直接性。

78

郑敏回忆1942年在西南联大读书时的一个情景：“一位留有长髯的长者，穿着灰蓝色的长袍，走在昆明西南联大校舍的土径上，两侧都是一排排铁皮为顶、有窗无玻璃的平房。那位长者正走向路边的一间教室，我和我的一位同窗远远跟在我们的老师、哲学家冯友兰教授的后面，也朝着那间教室走去，在那里‘人生哲学’将展开它层层的境界。

正在这时，从垂直的另一条小径走来一位身材高高的，带着一副墨镜，将风衣褡在肩上，穿着西裤衬衫的学者。只听那位学者问道：‘芝生，到什么境界了？’回答说‘到了天地境界了’。于是两位教授大笑，擦身而过，各自去上课了。那位带墨镜的教授，是当时刚从美国回来不久的金岳霖教授。”

79

郑敏回忆在西南联大时说：“每次聆听冯先生的讲授都是一次精神的升腾，无穷的享受。当时西南联大有一种极为特殊的学术风气，每位教授走在那狭小的昆明石板小径上，都像是浸沉在自己的学术思考中，对于我来讲，他们就像孔子或柏拉图一样，是智慧的化身，一言一行都向围绕着他们的青年学子，散发着他们自己的深邃的思想和领悟。智慧并不只锁在课堂中，而是弥漫在整个新校舍的四周，包括大西门一带的茶馆里。每当空袭警报拉响时，老师和学生们就会默默地夹起书本，向新校舍后一片野地荒坟散去，但没有什么能打断他们对真理的沉思，即使在敌机从头上飞过，眼见炸弹落下，他们也仍在思考。

80

冯友兰的侄子冯钟俊回忆说：我第一次见到六叔是1945年初，二祖母去世，六叔、七叔一同自昆明奔丧回唐河。当时唐河县县长符明信，驻军信罗师管区欧阳司令，都亲临迎接，还出动了军乐队，十分隆重。他们还要设宴为六叔、七叔洗尘，被谢绝。经过长途跋涉，仆仆风尘，六叔、七叔实在是疲惫不堪，刚一坐定，见父亲身穿孝服，讲完二祖母因修冯氏宗祠而积劳成疾，临终泰然自若的情形，六叔失声痛哭，泣不成声地说："我回来迟了。"

丧事在祁仪镇老家按地方传统礼俗进行，我清楚地记得六叔诵读祭文时之情景："悔九年之归迟。"句句凄切，声声哀痛，扣人心弦，催人泪下。读毕祭文，六叔痛哭，数百亲友皆痛哭。次日出殡，送葬队伍排有二里长，六叔、七叔披麻戴孝走在前面，六叔身扛幡杆，涕泪交流，走一段路程还要面向灵柩跪拜。步行十二里，始至墓地入葬。

81

冯友兰曾多次从昆明到重庆开会、讲学，每一次蒋介石都接见并宴请他。他的母亲去世之后，蒋介石还亲笔题字，以示慰勉。

82

冯友兰说："1945年8月15日的晚上，我同梅贻琦在云南财政厅厅长家里吃晚饭，正在吃饭时候，这位厅长的秘书来对他说有电话，他去接了电话回来说，日本投降了。在座的人都觉得惊喜，可是没有应该有的那种狂欢之情。吃饭以后，在客厅谈话，大家相对无言，这是因为大家都有一种预感，觉得内战要爆发了。"

83

冯友兰撰写的《国立西南联合大学纪念碑碑文》，流传甚广：

中华民国三十四年九月九日，我国家受日本之降于南京。上距二十六年七月七日卢沟桥之变，为时八年；再上距二十年九月十八日沈阳之变，为时十四年；再上距清甲午之役，为时五十一年。

举凡五十年间，日本所鲸吞蚕食于我国家者，至是悉备图籍献还。全胜之局，秦汉以来，所未有也。国立北京大学、国立清华大学，原设北平；私立南开大学，原设天津。自沈阳之变，我国家之威权逐渐南移，惟以文化力量，与日本争持于平津，此三校实为其中坚。

二十六年，平津失守，三校奉命迁于湖南，合组为国立长沙临时大学，以三校校长蒋梦麟、梅贻琦、张伯苓为常务委员，主持校务，设法、理、工学院于长沙，文学院于南岳，于十一月一日开始上课。迨京沪失守，武汉震动，临时大学又奉命迁云南。师生徒步经贵州，于二十七年四月二十六日抵昆明。旋奉命改名为国立西南联合大学，设理、工学院于昆明，文、法学院于蒙自，于五月四日开始上课。一学期后，文、法学院亦迁昆明。二十七年，增设师范学院。二十九年，设分校于四川叙永，一学年后，并于本校。昆明本为后方名城，自日军入安南、陷缅甸，又成后方重镇。联合大学支持其间，先后毕业学生二千余人，从军旅者八百余人。河山既复，日月重光，联合大学之战时使命既成，奉命于三十五年五月四日结束。原有三校，即将返故居，复旧业。缅维八年支持之苦辛，与夫三校合作之协合，可纪念者，盖有四焉。

我国家以世界之古国，居东亚之天府，本应绍汉唐之遗烈，作并世之先进。将来建国完成，必于世界历史，居独特之地位。盖并世列强，虽新而不古；希腊、罗马，有古而无今。惟我国家，亘古亘今，亦新亦旧，斯所谓“周虽旧邦，其命维新”者也。旷代之伟业，八年之抗战已开其规模，立其基础。今日之胜利，于我国家有旋乾转坤之功，而联合大学之使命，与抗战相终始。此其可纪念者一也。

文人相轻，自古而然，昔人所言，今有同慨。三校有不同之历史，各异之学风，八年之久，合作无间。同无妨异，异不害同；五色交辉，相得益彰；八音合奏，终和且平。此其可纪念者二也。

万物并育而不相害，道并行而不相悖，小德川流，大德敦化，此天地之所以为大。斯虽先民之恒言，实为民主之真谛。联合大学以其兼容并包之精神，转移社会一时之风气，内树学术自由之规模，外来“民主堡垒”之称号，违千夫之诺诺，作一士之谔谔。此其可纪念者三也。

稽之往史，我民族若不能立足于中原，偏安江表，称曰南渡。南渡之人，未有能北返者：晋人南渡，其例一也；宋人南渡，其例之二也；明人南渡，其例三也。“风景不殊”，晋人之深悲；“还我河山”，宋人之虚愿。吾人为第四次之南渡，乃能于不十年间，收恢复之全功。庾信不哀江南，杜甫喜收蓟北。此其可纪念者四也。

联合大学初定校歌，其辞始叹南迁流离之苦辛，中颂师生不屈之壮志，终寄最后胜利之期望。校以今日之成功，历历不爽，若合符契。联合大学之终始，岂非一代之盛事，旷百世而难遇者哉！爰就歌辞，勒为碑铭，铭曰：

建在北大校内的西南联大纪念碑及其说明。

痛南渡，辞宫阙。驻衡湘，又离别。更长征，经峣嵲。望中原，遍洒血。抵绝徼，继讲说。诗书丧，犹有舌。尽笳吹，情弥切。千秋耻，终已雪。见仇寇，如烟灭。起朔北，迄南越，视金瓯，已无缺。大一统，无倾折。中兴业，继往烈。维三校，兄弟列，为一体。如胶结，同艰难，共欢悦，联合竟，使命彻，神京复，还燕碣。以此石，像坚节，纪嘉庆，告来哲。

84

冯友兰晚年曾说自己的这篇碑文“有见识，有感情，有气势，有词藻，有音节，寓六朝之俪句于唐宋之古文”，是自己中年以后“为古典文”的最好成就。

85

当年，为西南联大写过校歌的并非冯友兰一人。冯友兰所作的西南联大校歌，是经西南联大校歌委员会，在比较罗庸、马约翰、张清常等人所写的校歌以后才被采用的。冯友兰撰写的这篇碑文，具有重要历史价值，北京大学与原西南联大的校友们，在1989年作出决定，将立于现今云南师范大学校园内的西南联大纪念碑，复制后立于北京大学校内未名湖西北处。

86

抗战结束以后，西南联大的学生，为了反对内战而举行了罢课，结果招致国民党军警的残酷镇压。傅斯年从重庆来到昆明，代理北京大学校长职务。他极力主张西南联大教授劝导学生停止罢课，如果不停止罢课，蒋介石即要以武力解散西南联大。冯友兰对此说：傅斯年做学生时，常常带头与学校当局闹矛盾。现在当了校长，自己也成了学生的对立面。这真是请看剃头者，人亦剃其头。

87

1945年抗日战争刚刚胜利，冯友兰即提出“大学与学术独立”主张。他认为抗战的胜利，为中国的强盛带来了契机，中国要强大，首先要注意学术的独立与自主。学术上的发言权在专门家，国家对于作为学术中心的大学，经济上应当尽力支持，具体工作上则应持不干预态度。

88

1946年11月15日，闻一多在昆明惨遭国民党杀害。冯友兰特致函梅贻琦校长，请求对闻一多的家属多加照顾。闻一多的夫人和子女返回北平后，不能再居住在清华园，冯友兰即让闻家暂时住在自己的私宅里，直到后来闻家前往解放区。

89

冯友兰1948年初在夏威夷大学讲学结束以后，即决定立刻回国。他认为：中国人只有把自己的国家建设好，在世界上才会有中国人的地位，才会有中国文化的地位。

因此，他不想寄居在别人的土地上，求个人生活的舒适与安逸，不论个人生活中还会经历什么样的磨难，他都决意回到自己的国家。在美国讲学期间，冯友兰曾告诉朋友：“俄国革命以后，有些俄国人跑到中国居留，称为‘白俄’。我决不当‘白华’。解放军越是胜利，我越是要赶快回去，怕的是全中国解放了，中美交通断绝。”

90

宗璞回忆说：“1948年父亲从美回来，带回一个电冰箱，当时是清华园中唯一的，大概北京城也不多。知道校医院需要，立即捐出。”

91

1948年3月，冯友兰回到北平的时候，南京国民党政府已经岌岌可危。面对国内政局，他在生活道路上可以有两种选择：一是回清华大学去，继续自己的学术生涯；一是到解放区，参加革命工作。冯友兰夫人任载坤的二姐任锐早就在解放区工作。冯友兰还未回国的时候，任锐即给任载坤说过：你们可以到延安去，要去延安的话，可以直接同叶剑英联系。但是，冯友兰依然回到了清华大学。

92

1948年8月，年仅50岁的朱自清在贫困中病逝，清华大学举行追悼会，冯友兰担任大会主席，亲撰一挽联哀悼："人间哀中国，破碎河山，又损伤背影作者；地下逢一多，辛酸论话，应惆怅清华文坛。"

93

解放前夕，冯景兰去找哥哥冯友兰，询问他是否离开大陆。冯友兰回答说："何必走呢，共产党当了权，也是要建设中国的，知识分子还是有用的，你是搞自然科学的，那就更没有问题了。"冯景兰听从兄长劝告，也没有离开大陆。

94

1948年底，国民党守军一度在清华大学校园中布置炮兵。冯友兰担心清华园焚于战火，立刻组织学校保卫部门，安排校内人员疏散，并同国民党军官交涉，希望他们不要在校园内布置阵地，最后获得成功。

95

1948年，冯友兰说：“过去20年中，我的同事和我，努力将逻辑方法引进中国哲学，使中国哲学更理性主义一些。”在1935年，在中国哲学年会的开会词中，他就说：“中国最缺乏理性主义的训练，我们应多介绍理性主义。”

96

1948年12月12日，解放军第十三兵团以政治部主任刘道生的名义，在清华大学西校门口张贴布告，布告中说：“查清华大学为中国北方高级学府之一，凡我军政民机关一切人员，均应本我党我军既定爱护与重视文化教育之方针，严加保护，不准滋扰，尚望学校当局及全体学生，照常进行教育，安心求学，维持学校秩序。”

97

1949年1月10日，钱俊瑞、张宗麟代表北平军管会，正式接管清华大学。冯友兰以清华大学校务会议主席的身份，在清华大学师生员工大会上宣布，清华大学从今天起正式成为人民政府的大学。

98

冯友兰1949年10月致信毛泽东，在信中既检讨了自己的过去，也表达了自己为新社会工作的愿望。毛泽东收到信后不久，即派专人送来了回信，回信全文是：

友兰先生：

十月五日来函已悉。我们是欢迎人们进步的。像你这样的人，过去犯过错误，现在准备改正错误，如果能实践，那是好的。也不必急于求效，可以慢慢地改，总以采取老实态度为宜。此复。

敬颂教祺！

毛泽东

十月十三日

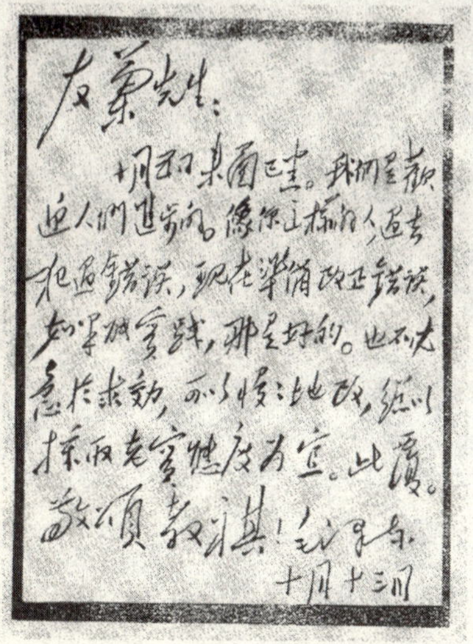
友兰先生：
十月五日来函已悉。我们是欢迎人们进步的。像你这样的人，过去犯过错误，现在准备改正错误，如果能实践，那是好的。也不必急于求效，可以慢慢地改，总以采取老实态度为宜。此复。
敬颂教祺！毛泽东
十月十三日

1949年10月13日，毛泽东给冯友兰先生的复信。

99

1949年10月间，徐特立曾找冯友兰谈话：“有人说你是唯心。咱们谈谈，谈明白了，以后就可以共同工作了。”

100

冯友兰的哲学研究，从不回避现实问题，甚至可以说从来就是积极干预现实的。学生羊涤生记得1949年后，在清华大学听冯先生的第一门课，就是“毛泽东思想研究”，这在当时是十分大胆的。

101

冯友兰谈起北大和清华的成长时说，这两所大学是中国脱离半封建半殖民地社会在教育界的反映。它们有一个共同目的，那就是为中华民族的解放而斗争。但其历史任务又有不同，北大的历史任务，主要的是打破封建主义的锁链。清华的任务，是推翻帝国主义的压迫。这两个学校的不同历史任务，各有其历史根源，但它们都完成了任务。

102

1950年1月，为了更好地适应新社会的生活，冯友兰报名参加北京郊区的土改工作。当时，参加土改工作者多为青年学者，在清华大学哲学系教授中，报名参加的只有冯友兰，他的夫人也报名参加。冯友兰夫妇离开学校，先是到丰台西北的张仪村工作，后来又转至卢沟桥。在北方的严冬，到久经战乱的中国农村去生活，这对于长期在城市书斋中生活的冯友兰夫妇来说，是一个严峻的考验。

103

1951年9月，冯友兰随中国文化代表团出访印度和缅甸，政务院总理周恩来亲自过问组团工作，钱伟长、季羡林、郑振铎、吴作人、常书鸿、刘白羽等都是代表团的成员，代表团团长是丁西林。季羡林回忆，代表团成员的产生，大都是由高层领导确定下来的。

104

在印度访问期间，印度最高学府德里大学授予冯友兰名誉文学博士学位，接受这种学位的另一位是团长丁西林。当时，作为德里大学校长的印度总统普拉沙德在致辞时，肯定了冯友兰在哲学史研究和哲学理论创建方面所取得的成就。

1956年底随中国佛教代表团出访印度，出席纪念释迦牟尼逝世2500周年大会。图为冯友兰（左四）与代表团成员合影。

105

代表团为冯友兰接受名誉文学博士学位一事，专门请示过中国政府。后来，当外交部得知印度总统肯定冯友兰的《中国哲学史》和他的“贞元六书”时，立即电示代表团，认为如此介绍和评价冯友兰不妥，冯友兰应当自己出面加以澄清和更正。无奈之下，他只好利用在印度的一次讲演，声称自己过去的学术著作都是没有价值的。

106

在冯友兰多次检讨都无法通过的时候，金岳霖受组织委托去做他的思想工作。由于金岳霖与冯友兰在清华大学共事20年，最为亲近，所以，他也希望冯友兰通过检讨，获得人们的谅解。当金岳霖见到冯友兰，说完“芝生呀，你有什么对不起人民的地方，可要彻底交待呀”之后，即与冯友兰一起抱头痛哭。

107

冯友兰在参加“三反”运动时，对自己的过去和现在，采取一种全面否定的立场和态度。他说：自己过去的学术活动，就是最反动的政治活动。在对日抗战时期，在共产党与国民党所领导的阶级斗争最尖锐的时候，我写了几本书，提倡中国封建社会的所谓正统哲学，与马列主义毛泽东思想为敌。

108

学生高望之回忆说：对冯友兰先生最猛烈的一次批判，是在1952年的“三反”“五反”运动中，我现在回想起来还有点毛骨悚然。那次文科师生大会，事先没有说是对他的批判会，但临时有社会学系的教师走上讲台，对冯先生作突击式的长篇政治批判，内容无非是说冯是国民党蒋介石的“御用文人”，由蒋介石聘为家庭教师，“一贯为国民党效犬马之劳”之类。批判中虽没有什么实质性的揭露，但由于批判人声嘶力竭的表情，摩拳擦掌的姿态，再加上当时群众反蒋的政治热情，气氛确是很吓人的。这在当时的清华园，是破天荒第一遭。当时他在座位上默不作声，我恐怕他会忍受不了而萌发轻生之念，所以就对坐在我旁边的李广田先生低声说：“会后请你陪冯先生回家吧！”李广田也感到有此必要，开完会就一路陪送他回家。次日我询问了李先生，他说冯先生尚平静，没有沮丧的表情。我当时想，冯先生倒真是学通了孔子“君子不忧不惧”的教导，能做到处变不惊、临危不惧。

109

1952年7月开始调整高校教师工资，依照当时北京大学在工资调整中的政策，冯友兰无论如何不应被评为四级教授。这次评定是组织上打击冯友兰的一个手段。两年后，又被评定为一级教授。

110

1955年6月3日，周恩来总理签署了中国科学院的学部委员名单，这个名单是在5月31日的国务院第10次会议上被批准的。中国科学院设立了哲学社会科学学部，冯友兰被聘为学部委员。当时，北京大学教授中被聘为哲学社会科学学部委员的还有向达、金岳霖、何其芳、汤用彤、季羡林、马寅初、翦伯赞、冯至、魏建功、王力等。

111

中国科学院学部委员每月发给工作费100元，冯友兰在担任北大哲学系教授的同时，兼任科学院哲学研究所研究员，哲学所每月发给兼职研究员60元兼职费，这样加上冯友兰一级教授工资345元，从1955年开始，冯友兰的月工资收入实际上已经超过500元了。这种工资收入，在上个世纪50年代，不仅是教育界最高级别的工资收入，就是拿这样的收入去套当时的行政工资级别也相当高了。“文革”时期，冯友兰去天津参加批林批孔大会期间，江青曾当着不少人问过冯友兰每月的工资收入之后说：“比我的工资还多啦。”

112

20世纪50年代初，冯友兰曾对张岱年说：“近代以来，许多先进人物不能跟着时代走，晚年落后了，如康有为、严复都是如此。只有两个人一直跟着时代走，一个是孙中山，一个是鲁迅。我们一定要努力随着时代前进。”

113

1956年，是冯友兰心情最为舒畅的一年。这一年，他曾力劝在美国生活的长子冯钟辽回国工作，并向北京大学哲学系的党组织提出申请，要求加入中国共产党。他在谈到自己的入党动机时说：“党正在动员知识分子的一切力量，向科学文化大进军，争取在不太长的时间内，赶上世界的先进的科学文化水平。这是知识分子尤其感到兴奋鼓舞的。”他的入党申请，未获批准。

114

1956年进入北京大学哲学系学习的学生李真回忆道：冯先生讲课的风格也很独特。由于先生年事已高，所以在讲台上备有靠背木椅一把，让先生坐着讲课。他讲课语调徐缓，有时略微有点口吃，但表述极为清晰。他在黑板上的书写不多，这大约是口头表达已很充分，加上坐着讲课，起立写黑板也比较费力，而且会耽误时间。

先生讲课时，对于哲学史上的一些轶闻趣事，也略加生动叙述，使得课堂气氛极为活跃而不觉得枯燥呆板。比如，讲到“子见南子”时，子路等弟子不满意于孔老夫子的处置，急得孔子指天发誓；又如，孔子周游列国时，虽物质生活相当困窘，然闻“韶乐”而忘忧，陶然于“余音绕梁”之乐，等等。这种时候，常引发课堂中的阵阵笑声。而当讲到哲学史上一些智慧火花的迸发时，先生则陷入深沉的思索，使课堂呈现出无声的寂静，学生也进入了沉思。

115

1957年，毛泽东在《组织力量反击右派分子的猖狂进攻》一文中说：在高等学校，要组织教授座谈，向党提意见，尽量使右派吐出一切毒素来，登在报上；最好让反动的教授、讲师、助教及学生大吐毒素，畅所欲言；这样等到时机成熟时，再行反击，聚而歼之。

116

冯友兰从1952年“三反”“五反”运动开始，即已经成为学术界重点批判的对象之一。当1957年大批中国知识分子遭受打击的时候，他的言行若稍有不慎，即难逃灭顶之灾。但是，冯友兰却躲过了1957年的这场劫难，这在当时中国的政治生活中是一个奇迹。

117

1957年，在全国宣传工作会议上，毛泽东强调“百花齐放，百家争鸣”方针。会议期间，冯友兰在中南海毛泽东的住地参加小组讨论会，毛泽东点名请冯友兰发表意见：“好好地鸣吧，百家争鸣，你就是一家嘛。你写的东西我都看。”冯友兰讲：“毛泽东叫我参加党的会议，这就是认为可以共事了。”

118

1957年4月11日，冯友兰同周谷城、金岳霖、胡绳、贺麟等人，应邀到中南海颐年堂，与毛泽东及其家人共进午餐，这次宴请的主客是周谷城。在会见中，毛泽东鼓励大家在学术问题上实事求是，勇于探索。

119

有一次，学生羊涤生和一位朋友谈起老师冯友兰在

1957年整风反右运动中的情况。那位朋友当时是北京大学哲学系反右领导小组成员之一。羊涤生问他1957年反右斗争中，为什么没有把冯先生划成右派，却把张岱年先生划成右派了？他说当时有关领导是有意想把冯先生划成右派的，几次“启发”冯先生“放”，但冯先生大概是吸取了过去的教训，就是不“放”。后来实在不行，冯先生提了两条意见：第一，1952年院系调整，清华大学的文学院和法学院并入北京大学，但是图书馆的文科书籍没有随之而并入北京大学，影响使用，应该也并到北京大学来。第二，自从搬进北京大学住后，因为房子太小，书籍没有地方摆，只好放在床底下，使用起来极不方便，影响工作。

关于冯友兰提的这两条意见，经过有关方面研究，认为都上不了什么“反党反社会主义”的纲，因而未能将他划为右派。相反，到了整改阶段，还给冯友兰扩大了住房。而张岱年先生早在20世纪30年代就讲辩证唯物论，在1957年鸣放时，没有什么顾虑。但他也只是给当时北大哲学系党总支的负责人个人，提了点具体意见，就给打成右派了。20年后才落实政策，加以改正。看来，冯友兰对1957年春夏之交的运动，是有充分思想准备的，是经过深思熟虑的，故能避此浩劫。

120

1958年5月4日，北京大学举行建校60周年纪念会，彭真、陈伯达、郭沫若、杨秀峰等党政要人出席会议。身为中共中央政治局候补委员的陈伯达发表讲话，点名批判了马寅初的经济思想和人口理论。并点了冯友兰的名，认为他对自己学术思想的批判还不够，应当继续进行深刻的批判。

121

著名学者朱伯昆在1958年便如此评价冯友兰："冯先生抽象思维的本领很大，他能把复杂的问题简单化，也能把深奥的哲理通俗化。"

122

在1959年出版的《四十年的回顾》中，冯友兰说："我在这四十年中，所作所为，绝大部分，都是维护要被否定的趋势。站在破坏着的、死亡着的、旧的、反革命的东西的阵线上，反抗创造中的、生长着的、新的、革命的东西。"在其为这本书所作《题词》中说："奋笔当时信有由，根源一一细搜求。不堪往事重回顾，四十年间作逆流。"

123

冯友兰从1958年的“双反”运动开始，到1960年期间所受到的批判，不论就其规模而言，还是批判的程度而言，都不亚于马寅初所受到的批判。1958年，北大哲学系召开批判冯友兰大会，北京市委领导亲自参加。1960年，北京大学党委编写《冯友兰小传》。“小传”中认为：冯友兰在解放前即是国民党反动派的御用哲学家，解放以后，冯友兰在“工作中假装积极，实际上与党格格不入”；尤其是冯友兰富有资产阶级的政治经验，表面上通过《四十年的回顾》批判自己的哲学思想。但是，其资产阶级的学术思想仍然根深蒂固，其反动的政治立场实际上没有改变。

124

冯友兰晚年说：“在解放以后，我也写了一些东西，其内容主要的是忏悔……但是在有些时候，也发表了一些不是忏悔的见解和主张。这些见解和主张刚一提出来，就受到了批判。”

125

1960年，国家开始纠正“大跃进”中一些脱离实际的错误做法。在这样的背景下，北京大学的党组织也意识到对冯友兰的批判过头了。于是，北大党委书记陆平、北大哲学系党总支书记王庆淑，先后来到冯友兰家中，表示北大对冯友兰的批判“太过火了”，应当予以纠正，并向冯友兰表示道歉。

126

1962年4月，冯友兰参加全国政协会议。冯友兰的岳父任芝铭、任芝铭的外孙女孙维世也是会议代表。周恩来特意向毛泽东介绍，这次会议上任芝铭、冯友兰、孙维世“三代同堂”。会后，冯友兰兴奋不已，回家后即赋诗一首：

怀仁堂后百花香，浩荡春风感众芳。
旧史新编劳询问，发言短语谢平章。
一门亲属传佳话，两派史论待衡量。
不向尊前悲老大，愿随日月得余光。

冯友兰曾将这首诗抄赠毛泽东。

127

1963年11月，冯友兰参加中国科学院哲学社会科学学部委员扩大会议。毛泽东接见与会人员时，曾与冯友兰握手。其时，有文学家刘大杰、历史学家周予同站立其旁。冯友兰收到与毛泽东握手的照片以后，曾撰一联：

执手感关怀，三人并列文、史、哲，

集会明任务，一笔齐扫帝、修、反。

1963年11月中国科学院哲学社会科学学部委员扩大会议期间毛泽东接见与会者。图为毛泽东与冯友兰亲切握手交谈。

128

1965年11月，冯友兰随全国政协组织的参观团赴西南参观，历时四十多天。12月中旬，他回到北京以后，作词《西行吟》。其四为《沁园春·四川参观》：

壮丽山川，千里巴蜀，一月游踪。见斗天斗地，昂扬意气；忘劳忘我，宏阔心胸。大渡河边，渣滓洞里，巨笔都题乐在中。移山业，都耻为智叟，勇为愚公。　红军故道新工，有三十年诗史交融。想遵义会开，群尊北斗；娄山关越，词唱西风。战胜冬寒，赢得春到，万水奔流尽向东。好形势，要直追急起，学向工农。

129

1966年红卫兵抄家，首先是查封冯友兰的财产。红卫兵在一张大纸上写上一个“封”字，贴在他家的墙上，宣布他家的东西从查封之日起“都属于人民了”。第一次被抄家时，红卫兵对他的惩治措施之一，就是冻结他的工资，只给他和夫人任载坤每月每人发放12元生活费。“文化大革命”中，红卫兵组织很多，他被红卫兵抄家也不只是一次。红卫兵在他住所的门上贴上“冯友兰的黑窝”六个大字，以便于各种组织到冯友兰的住所破“四旧”。

130

冯友兰被揪出来以后，他的居住条件也受到了影响。

哲学系先是决定调整他的住房，让他搬出燕南园，到朗润园两间阴暗、潮湿的房子里去住。后来没有执行搬迁的决定，改为减少他实际的住房面积。这个决定使得冯友兰的住房中一度住进5户人家。冯友兰说：红卫兵叫我搬出我的卧房，搬到另一间房子里，他们把我卧房的门锁了，把钥匙带走了，说是有事可以去找他们。我的衣服都被锁在卧房之内。应当换季了，找他们要钥匙，他们总是推诿不给。天气凉了，衣服拿不出来，为了御寒，我只好披上一条麻袋去开批斗会。

131

冯友兰的儿子冯钟越夫妇在沈阳工作，孙子冯岱生活在爷爷奶奶身边。“文化大革命”开始的时候，冯岱正在北京六一幼儿园。冯友兰被揪出来以后，幼儿园坚持让冯岱退园，不论怎样求情都不行。冯岱只好离开爷爷奶奶，去了沈阳。

132

1966年底，“文化大革命”大串联时，学生钱耕森回到了北京大学。在校园里各处看大字报时，在南北阁的附近，远远看到冯友兰戴着一个大口罩，正低着头、弯着腰，很吃力地用大扫帚打扫着校园的卫生。此时，高音喇叭还在播放着红卫兵对这个“资产阶级反动的学术权威”所进行的大批判。

133

冯友兰的侄子冯钟俊回忆说：1966年，父亲刚刚去世，我在家处理后事。一天下午，忽然有四个北京大学的红卫兵冲进门来。厉声说：“你是冯友兰的侄子，现在你要以敌情观念来揭发他的罪恶！并交出家中保存的有关他的罪证。”我一下子吓得心嗵嗵跳，不敢违命，就将十多年来六叔给父亲的信约十六七封，还有六叔寄赠给父亲的《四十年的回顾》一书，找出交给了他们。他们装进挎包，似觉满意地走了，说明天还要到祁仪去进一步调查。我恢复冷静后，心想他们拿走的信件都是些家常问候语，并无有碍的内容，有些还是歌颂盛世的诗词呢！但现在想来，这些宝贵的遗物被强索，丢失得十分可惜。

134

在身陷学术批判的厄运时，冯友兰曾戏称自己有如“臭豆腐”，“闻起来臭，吃起来香”。他说，他的任务就是“树立一个对立面”，这样“批判”才有一个“靶子”。

135

在“文革”时期，红卫兵小将批斗冯友兰时，他们总是在冯友兰的脸部表情上，看出了“苏格拉底式”的微笑，大惑不解加以追问，他坦然答曰：“我的脸型天生就是这样的。”他每次按照“勒令”前往批斗场所时，总在事先尽量作好准备：吃饱、穿暖、休息好，养好精神。

136

冯友兰被拘禁在设在北大外文楼的“黑邦大院”，他夫人忐忑不安地每日上午于早饭前，站在这个“黑邦大院”附近的“办公楼”西侧石台基上，远远眺望，看冯友兰是否排队出来吃早饭，直到看到他的身影时，才放下了悬着的心，得知这一夜平安度过，并未“因故暴亡”。冯友兰说，这块石头真可名之为“望夫石”。

137

冯友兰女儿宗璞讲：“冯先生自1949年后，生活的主要内容就是检讨，但是他并没有完全失落自我。他在无比强大的政治压力下，不自杀，不发疯，也不沉默，在这混乱的世界中，在他的头脑里，有一片——哪怕自己被挤压得很小——清明的哲学王国，所以在他回归自我时很顺利。”

138

“文革”初期，冯友兰一被揪出来，即被戴上了“资产阶级反动学术权威”这顶大帽子。人们在批斗中觉得，这顶帽子尚不足以表明冯友兰反动的程度和分量。于是又为他特制了一顶帽子：“反动学阀”。

北大哲学系1955届毕业生郭兰芳回忆：冯友兰在“文革”中受到隔离审查期间，不准回家居住，和一些被认为有问题的教师住在一起，过集体生活。这种集体生活，实行军事化管理，人们的任何活动都必须排队，“早请示”要排队，“晚汇报”要排队，背毛主席语录要排队，出去劳动要排队，每次吃饭也要排队。一切活动都要排队，没有人身自由。不仅如此，人们排队后还必须向监管人员报到，自报被人们强行戴在自己头上的政治帽子。

哲学系被审查的老教授中，冯友兰身材较高。因此，排队时，冯友兰总排在前头，并第一个报到和自报自己的政治帽子：“报到，我叫冯友兰，是反动学术权威。”红卫兵训斥道：“不行，重报，你这是避重就轻！你是反动学阀。”冯友兰只好改口重报:“我是……是反动学阀。”冯友兰报到之后，洪谦报到，他害怕监管人员说自己在政治问题上避重就轻，于是像冯友兰一样报到说:“我叫洪谦，是反动学阀。”监管人员立即训斥道:“不对，你还不够格，你是反动学术权威。”洪谦只好改口说:“我是反动学术权威。”

139

1967年4月4日，北大“校文革”和红卫兵组织新北大公社，主持召开“彻底批倒、批臭刘少奇、邓小平”万人大会。在大会上被批斗的有原中宣部、高教部、北京市、北京大学的领导人陆定一、周扬、蒋南翔、彭珮云等；也有几位北京大学的名教授，其中有哲学系的冯友兰、冯定，历史系的翦伯赞，西语系的朱光潜等。此时冯友兰因前列腺疾病小便不通，在医疗方面的待遇被完全取消，好不容易住进了北京医院，又由于受到医院内造反派干扰，未能得到根治，只是揣上了一个导尿管，即被逐出了医院。冯友兰被拉去接受全校批斗的前一天，他刚刚从医院回到学校。

140

冯友兰回忆说："就在出院的第二天，红卫兵来了，说是在第一体育馆开会，叫我去参加。我告诉他我的身体情况。他说不行，要去参加。我只好拖着尿瓶子走到第一体育馆。那一次，被批斗的人不少，除了北大的人以外，还有周扬、蒋南翔及一些我不认识的人。批斗以后，他们叫我在休息室里等着，叫别人出去站队。又过去了一会儿，他们说：'你也回家去吧。'我出了体育馆，原来那些被叫出来站队的人，不知都上哪儿去了。操场上的群众，也都散了，一片空荡荡的。事后我才知道，那些别的被批斗的人，都被拉着在校内游行去了。当时称为'游斗'。我算是被免了游斗，这也是红卫兵们的仁慈吧。"冯友兰当时已经72岁。

141

北京大学清理阶级队伍是从1968年9月下旬开始。运动开始以后，全校干部、教师都被集中起来开展运动，不许回家。冯友兰住进外文楼被隔离审查后，每天都得参加劳动，具体任务是打扫外文楼外边的马路，除了劳动，即是写交待自己问题的材料。被隔离审查的人，每次吃饭前都必须站在毛主席画像前面，自报姓名和身份，并接受人们的训斥和侮辱。

142

当时，不少北大教授为了应付无休止的残酷批斗，暗自寻求精神力量的支持。季羡林在被架飞机批斗时的办法之一是，背“下定决心，不怕牺牲，排除万难，去争取胜利”这一段毛主席语录，他的潜台词是“下定决心，不怕苦痛，排除万难，去争取不要倒下”。冯友兰也背语录，但他更多的是背诵禅偈：

菩提本无树，明镜亦非台。

本来无一物，何处惹尘埃。

143

毛泽东在一次讲话中说：“北京大学有一个冯友兰，是讲唯心主义哲学的，我们只懂得唯物主义，不懂得唯心主义，如果要想知道一点唯心主义，还得去找他。翦伯赞是讲帝王将相的，我们要想知道一点帝王将相的事，也得去找他。这些人都是有用的，对于知识分子，要尊重他们的人格。”这个讲话，在“文革”中流传很广。

144

当宣传队宣布解除冯友兰的劳教之后，他即致信毛泽东表示感谢，并在1969年6月写诗一首：

千载文坛归正主，一年战斗树新风。

白头深痛多前罪，也在工军化雨中。

145

冯钟俊回忆说：1970年10月，我因公出差来北京，抽空去看望六叔，当时他已搬回燕南园，他见我第一句话就问："你二姑呢？"我无言以对，静默片刻才说了一句"这么大个运动！"六叔就默然不语了，从表情上，可看出他内心十分痛苦。二姑是六叔的亲姐姐，孤寡无靠，解放后居北京，由六叔、七叔、四姑共同接济，以度晚年。1967年扫除"寄生虫"被赶出北京，本打算回唐河老家投靠我，由孙女护送。行至许昌，红卫兵不准再护送，强令由他们押解。家人给我发了电报，以便到唐河车站迎接。我一连三天去唐河汽车站，但一直未见到二姑，二姑在哪里，现在仍是一个谜。据说二姑离开北京时带了一些钱，是否因此而在途中被害？当时红卫兵杀死一个地主老婆，像踩死一只蚂蚁，并无人过问。二姑名温兰，为人忠厚善良，二祖母去世前，全靠她在家中侍奉，想不到竟如此下场。六叔虽胸怀开阔，但对二姑的失踪仍不免伤感。

146

1970年12月毛泽东77岁生日期间，冯友兰写成《韶山颂》33首及《恭逢毛主席七十七寿辰，敬祝伟大领袖万寿无疆》五言律诗：

今日成功大，当年预见先。
物质变精神，旧国换新天。
寿考南山并，威望北斗悬。
帝修临末路，世界有延安。

147

“批林批孔”运动开始以后，北京大学和清华大学的“批林批孔”，基本上是由迟群、谢静宜直接控制的。冯友兰在“文革”中同毛泽东的联系，主要由谢静宜从中沟通。

冯友兰晚年回忆说：“1971年5月间，谢静宜到我家来了。谢静宜常参加我们哲学系的学习，所以认识。她说，她看见毛主席了，毛主席叫她告诉我说，我给他的信他看见了，谢谢我。毛泽东并且派她向我问候，这使我很受感动。我写了一封感谢信，还做了一首诗，托谢静宜转达。”诗中写道：“善救物者无弃物，善救人者无弃人。为有东风勤着力，朽株也要绿成荫。”

148

1972年2月，美国总统尼克松访华，冯友兰应邀出席了周恩来举行的欢迎宴会和尼克松举办的告别宴会。从此以后，冯友兰不断被邀请参加一些重要会议和外事活动。

149

冯友兰主持中国哲学史教研室十几年，同事们没有见他发过脾气，遇到不顺心的事，也没见他闹过情绪。他受到不公平的批判，也从不垂头丧气，也未影响他的生活节奏。可以讲，日常生活中体现着他的哲学境界。

150

宗璞讲：“父亲把人类有思想这一特点发挥到极致，他生活的最大愉快就是思想。在他生活中，在中国的土地上，恰恰遇见一段历史，这段历史的特点是不准思想。如果只是不准思想也还罢了，只要不说究竟怎样想，别人不会知道。问题是不准想，还必须说，那就只能说别人的话了。这就是思想改造。”

151

冯友兰女儿宗璞在《向历史诉说》中，是这样评价父亲的：“一个哲学头脑的改造似乎要更艰难一些，他需要思想的依据。就是说假话，也要在自己思想里能自圆其说，而不是不管不顾地照着说。于是便有了父亲的连篇累牍的检讨。他已经给放在烧热的铁板上，只有带着叮当作响的铁铃跳动。”

152

北京大学、清华大学大批判组成立于1973年10月，名为清华、北大批林批孔研究小组，1974年1月更名为北京大学、清华大学大批判组，搬进北京大学朗润园北招待所办公，经费开支由北京市财政单列。“批林批孔”运动中，署名“梁效”的大批判文章即出自这里。

冯友兰、周一良、魏建功、林庚等北大教授也参加了“梁效”的活动，主要是做一些成语典故方面的注释工作。冯友兰回忆说：我去参加过一些批林稿子的讨论，查过一些成语典故的出处，例如“天马行空”最初见于何书，少正卯的“少正”二字是官名还是姓氏，“忠孝节义”四字连用最早见于何书等等。这些工作，被看作是对批判组写的文章在文字上把关。

153

冯友兰成为北京大学、清华大学大批判组成员以后，常受到当时中央领导人的接见，参加一些“批林批孔”的重要会议和活动。1973年12月3日、4日《光明日报》转发冯友兰的两篇批孔文章，即是他参加“批林批孔”大会时的发言稿。一是《对于孔子的批判和对于我过去的尊孔思想自我批判》，二是《复古与反复古是两条路线的斗争》。

这两篇发言稿先是在《北京大学学报》（1973年第4期）刊发以后，引起了宣传队的注意，宣传队将冯友兰的文章作为北大“批林批孔”的内容汇报到中央时，又引起了毛泽东的兴趣。谢静宜把冯友兰的文章送交毛泽东阅读之后不久，《光明日报》即转载了这两篇文章。冯友兰为此作诗一首：

怪道春来花满枝，满园烂漫贺芳时。

含苞才露嫩红色，便有东风着意吹。

154

1974年6月12日和6月14日，江青等人两次接见“梁效”成员，要在“批林批孔”中“揪大儒”，“批宰相”。冯友兰此时已79岁。在会议上，江青还告诉大家，说她在下面有几个评法批儒的点，要“梁效”成员跟随她到下面的点上去看看。过了两三天，冯友兰即同部分“梁效”成员一起，跟随江青等人到了天津。

冯友兰到了天津，因丹毒复发，住进了医院。在医院里，他仍然不忘向工农学习，心系评法批儒，希望把“批林批孔”运动推向深入。为此创作《咏史二十五首》。

他以诗的形式论及了荀况、韩非、李斯、秦始皇、赵高、项羽、刘邦、贾谊、王充、曹操、范缜、武则天、韩愈、柳宗元、宋太祖、王安石、陈亮、朱熹、陆游、李贽、王夫之、林彪等历史人物和现代人物。在诗中，冯友兰对历史人物的褒贬，都遵循当时的评法批儒原则，都上升到改革与复古、革命与保守的路线斗争的高度。其最后一首是：

我原是一尊儒者，喜随工农步后尘。

昨非今是能回首，深谢耆年带路人。

155

1974年12月，冯友兰在《七十九岁生日自寿》中写道：

水击三千里，人生二百年。

尚未及半数，不为晚着鞭。

尊儒风未息，批孔战方酣。

愿奋一枝笔，奔走在马前。

从诗中，可以看到年近八旬的冯友兰投身批林批孔的豪情和决心。

156

冯友兰为了帮助人们“批林批孔”，在自己两篇批孔文章的基础上，写成了《论孔丘》一书，约7万字，于1975年9月由人民出版社出版。毛泽东虽然年事已高，仍然阅读了此书。冯友兰说：“《论孔丘》出版后，我以为毛主席年高事忙，不会有空看。岂知毛主席还是看了。”

157

由于北京大学、清华大学大批判组，受“四人帮”直接操纵和控制，在“四人帮”的阴谋活动中发挥过特殊作用，党中央一举粉碎“四人帮”后的第5天，即1976年10月10日，北京市委、北京卫戍区的负责人即按照党中央的命令，同北京大学党委的几名负责人一起，对两校大批判组进行了查封、接管，宣布大批判组成员立即停止工作，集中学习，交待问题。冯友兰也因为在“批林批孔”运动中参与了“梁效”的活动，开始受到审查。

158

冯友兰受到的审查和批判，在形式上同“梁效”正式成员有所区别。北大、清华两校大批判组被查封的时候，39名成员除了5名管材料的人员之外，全部被要求集中学习，交待问题。周一良说“一夜之间，‘梁效’成员成了现行反革命。”冯友兰不在“梁效”39名正式成员之内，因为他是顾问。1976年12月2日，北京大学在首都体育馆召开批判“四人帮”反党集团干将迟群的万人大会。“梁效”主要成员被拉到会场陪斗，陪斗的老教授中没有冯友兰。

159

1977年3月下旬，北京大学校内出现了不点名批判冯友兰的大字报，称冯友兰为“‘四人帮’的哲学顾问”，认定冯友兰通过评法批儒，狂热吹捧江青。7月下旬，北大哲学系开始要求冯友兰讲清自己同“四人帮”之间的关系，对他的批判出现高潮。哲学系贴出了《“梁效”顾问冯友兰的问题必须查清》的大字报，学术刊物《历史研究》刊载的《评“梁效”某顾问》文章，被《人民日报》载文介绍。哲学系停发了为冯友兰做抄写工作的人员的工资。

160

冯钟俊回忆：1977年10月，接到六婶去世的电报，我自唐河奔赴北大燕南园，六婶的遗体已经火化，我站在六婶遗像前默哀并祷告：既已脱离人生苦海，愿她永远安息。我劝慰六叔，要他注意身体。当时“四人帮”已倒台，全国上下都热烈庆贺，可六叔竟又遭到无情的人身攻击和污蔑。六叔对我说：“我跟主席是真心，我是真心跟主席的。”听了这句话，我心中非常难受。江青就是利用了人们的这种感情，结果造成一些人对六叔的误解。

161

冯友兰的儿子冯钟辽，因为母亲病重从美国回到北京时，母亲已经去世。他看到父亲的痛苦，提出陪父亲去南方散心，受到北大阻止，他的生活自由被限制。1977年12月下旬，北京大学通知电信局拆去冯友兰家中的电话。1978年2月下旬，他的全国政协委员资格被取消。冯友兰说：“无论如何，经过‘四人帮’这一段折腾，我从解放以来所得到的政治待遇都取消了，我又回到解放初期那个时候的情况。这也可以说是‘赤条条来去无牵挂’吧。”

162

国内外对冯友兰“文化大革命”后期一些事情颇多非议，认为他充当两校大批判组的顾问，是投靠江青。焦树安回忆说：1974年“批林批孔”时期，传达一个经毛泽东主席圈阅的文件，毛泽东针对所列孔子言论和注解，他在文件上批示大意是：我看可将冯友兰、魏建功吸收到两校大批判组当顾问，史料和文字可以请教他们。当时毛泽东的意见是最高指示，谁敢不从？

163

一直陪伴在父亲身边的冯友兰之女宗璞分析：“他的失落最突出的表现当然是‘批林批孔’那一段。老实说，我始终不明白何以批林要联系批孔。冯先生参加了批孔，我想有几方面原因。”

一、对儒家的批判自‘五四’始，‘打倒孔家店’的口号和批判精神一直传沿下来。

二、开始批孔时的声势浩大，又是黑云压城城欲摧的气氛。很明显，冯先生又将成为众矢之的，烧在铁板下的火，眼看越来越大，他想脱身，想逃脱烧烤——请注意，并不是追求什么，而是逃脱！——哪怕是暂时的。他逃脱也不是为了怕受苦，他需要时间，他需要时间写《中国哲学史新编》。那时他已近80岁。我母亲曾对我说，再关进牛棚，就没有出来的日子了。他逃的办法就是顺着说。

三、毛泽东的影响。先生思想中无疑是有封建意识的。他在‘文革’中遭批斗，被囚禁，毛泽东的一句话（大意是，研究唯心主义还得请教冯友兰），‘解放’他于水深火热之中。他对毛有一种知己之感。幸亏他有一个回归自我的阶段，后来他的认识很清楚。在《中国哲学史新编》第七册中写道：毛泽东‘立下了别人所不能立的功绩，也犯下了别人所不能犯的错误。’但当时他不可能这样想，也不敢想，而是努力改造。对毛的号召总要说服自己跟上。

164

1977年，冯友兰在夫人任载坤辞世之后，写成一副挽联：

在昔相追随，同荣辱，共安危，出入相扶持，碧落黄泉君先去；

从今无牵挂，断名缰，斩利索，俯仰无愧怍，海阔天空我自飞。

这副挽联，流传颇广。挽联中不仅写出了夫妻之情，也表明了冯友兰重新认识自我、重新理解人生的开始。

165

1977年《历史研究》发表批判冯友兰的文章说：冯友兰在“批林批孔”运动中，自觉地以“四人帮”小朝廷的“宾师自居”，准备当“江青复辟王朝的开国元勋”。1978年《哲学研究》发表批判文章，更是把“四人帮”的倒行逆施，说成是在实践冯友兰“多年来为地主资产阶级妄图复辟而鼓吹的反革命理论”，“四人帮”在“批林批孔”中的阴谋活动，是“跟在一位脑后拖着一条封建长辫的中国资产阶级教授屁股后面跑”。这样的定位和结论，使冯友兰成了“四人帮”集团中的首恶。冯友兰的家人对此愤慨不已，准备向高层领导人申诉，冯友兰不让。

166

人们认为冯友兰为“江青上台制造舆论”的根据，是冯友兰的《咏史二十五首》中的第十一首诗：

破碎山河复一统，寒门庶族胜豪宗。

则天敢于作皇帝，亘古反儒女英雄。

在批判者们看来，肯定武则天，就是吹捧江青。冯友兰说：“我当时的想法是：我过去几十年尊儒，现在应该清算这种思想，把被颠倒的历史颠倒过来，歌颂历史上的法家，表扬历史上的前进革新人物。从反儒这一观点看，武则天做皇帝和儒家的每一个教条都是相违反的，所以要突出这一点。当时我不知道江青有做女皇的野心，不知道她要借吹捧武则天为自己造舆论。”

167

1978年10月，美国学者卜德随一个代表团访华，他从30年代即开始同冯友兰进行学术合作，把两卷本《中国哲学史》翻译到了西方。卜德来华之前就致信冯友兰，希望老友重逢。但卜德访问北大哲学系时，组织上并未允许冯友兰会见他。卜德回国时对自己不能见到多年的老朋友深感失望，表示自己再也不来中国。这一时期，联合国东京国际大学来函，邀请冯友兰参加一个学术会议。校方均指示冯友兰以身体不好，不能出国为由，拒绝与会。实际原因则是冯友兰此时正在受到审查和批判。

168

冯友兰认为：自己在“批林批孔”中的失误，首先是在学术问题上未能坚持实事求是的科学态度，犯了“一个搞学术的人的大忌”。

169

冯友兰总结自己在“批林批孔”运动中的教训说：“我当时自以为是跟着毛主席、党中央走的，鼓励我的那些群众也是这样想的，至少也是这样说的。可是我当时也确有哗众取宠之心。有了这种思想，我之所以走了一段极‘左’路线，也就是自己犯了错误，不能说全是上当受骗了。”

“1973年我写的文章，主要是出于对毛主席的信任，总觉得毛主席党中央一定比我对。实际上自解放以来，我的绝大部分工作就是否定自己，批判自己。每批判一次，总以为是前进一步，这是立其诚。现在看来也有并不可取之处，就是没有把所有观点放在平等地位来考察。而在被改造的同时得到吹捧，也确有欣幸之心，于是更加努力‘进步’。这一部分思想就不是立其诚，而是哗众取宠了。”

170

1982年9月，冯友兰在女儿宗璞陪同下，赴美国夏威夷参加国际朱熹学术讨论会。此时，他已87岁。这次远行的目的，宗璞说：“据我们的小见识，以为父亲必须出一次国，不然不算解决了政治问题。所以才扶杖远涉重洋。”在接受哥伦比亚大学名誉文学博士学位时，冯友兰讲：“我经常想起儒家经典《诗经》中的两句话：‘周虽旧邦，其命维新’。就现在来说，中国就是旧邦而有新命，新命就是现代化。我的努力是保持旧邦的同一性和个性，而又同时促进实现新命。”

171

1983年，全国政协六届一次会议，冯友兰因病没有出席大会，但他仍当选为大会主席团成员。后来，大会又选举他为全国政协常委。冯友兰因为参加“梁效”活动，于1978年被取消了全国政协委员的资格，5年以后重新当选。

172

1983年，北京大学哲学系为冯友兰从教60周年举行茶话会。北大校长与清华大学副校长，高度评价了冯友兰在教育工作和科研工作中取得的成就，特别肯定他在解放前夕，放弃国外优裕的物质生活条件，毅然回到祖国的爱国行为。这是新中国近40年来，冯友兰第一次听到学校领导对自己1948年归国行动的正面评价。怀着欣慰与感激的心情，他在茶话会上自撰了一副寿联：

何止于米，相期以茶；

心怀四化，意寄三松。

在中国的传统文化中，“米寿”代指88岁，“茶寿”代指108岁。

173

冯友兰1980年决定写回忆录，在涂又光的帮助下，1984年以《三松堂自序》为名出版。

174

1984年10月下旬，李中华去拜访冯友兰先生，谈起中国文化书院的宗旨是弘扬中国传统文化时，冯友兰高兴地说：“中国传统文化是不能丢的，这是我们中国值得骄傲的一点家底。中国有几千年的历史，曾创造了灿烂辉煌的文化，但到近代衰败了，有人甚至连这点家底也不要了，这是败家子。”

175

1984年在酝酿成立“中国文化书院”的一次会议上，冯友兰说：上个世纪南京条约强迫中国五口通商，是帝国主义打进来。后来1949年我们把他们打出去，现在是14口通商（当时开放的14个沿海城市），是请进来。不能说早知今日，何必当初。打进来和请进来不一样，只有打出去，才能有今天的请进来，地位不同了。

176

1984年，冯友兰学生余景山到北京看望老师，为了敬师，从那年开始，在北京大学哲学系，他捐资设立“冯友兰奖学金”。

177

1984年筹备中国文化书院时，向有关部门申请登记、注册、挂靠等手续，遇到很多麻烦，为此，以冯友兰的名义，向时任中共中央总书记的胡耀邦写了一封信，系统说明创办这个书院的意义。为此，他反复琢磨信中的内容和用语，并用毛笔书写。

178

1985年3月，中国文化书院首次在北京举办“中国传统文化讲习班”，冯友兰已90岁高龄。他不惧寒冷，来到离北京大学十余里的中国青年政治学院，为来自全国各地的200多名学员讲授中国传统文化，一讲就是两个小时，其精神使大家无不为之惊叹。

179

1985年，冯友兰90寿辰的时候，他提出请梁漱溟先生参加，梁漱溟在信中认为冯友兰曾“谄媚江青”，予以拒绝。冯友兰复信说：“来书竟无上款，窥其意，盖不欲有所称谓也。相待以礼，复如是乎？疾恶如仇之心有余，与人为善之心不足。忠恕之道，岂其然乎？”梁漱溟于半月后再次致信冯友兰，表示“甚愿把晤面谈”。由此促成了梁、冯二人“文革”以来的第二次见面。

180

冯友兰的学生蒙培元在《回忆与断想》一文中写道："记得在80年代中期的一个春节，大家都在欢度节日，正月初一我去看望先生，却见老人在窗前拿一本《庄子郭象注》在看，令我顿时生敬慕之心。此时先生已近九十高龄，用先生自己的话说，耳不聪，眼不明，但仍然费力而缓慢地读，加上节日的气氛，真是乐在其中。我在想，先生已经成竹在胸，何必再读古人书？原来先生虽然凭记忆口授，由他人记录，但是每一条资料都要经过仔细核对。平时这种工作由别人代做，到了节日，别人都休息了，先生便亲自去做。而且在先生看来，这显然是一种享受。正如孔子所说，知之不如好之，好之不如乐之。先生读书，是一种乐趣，也是一种责任。"

181

学生钱耕森给老师冯友兰祝寿90岁，请老师给写一张条幅，冯友兰说："我的眼睛已经看不清了，只能凭着老经验瞎涂涂送给你们了。"后来学生果真收到了老师寄来的一帧条幅。内容是："半亩方塘一鉴开，天光云影共徘徊，问渠哪得清如许，为有源头活水来。朱熹诗　耕森同志雅

属　冯友兰一九八五年时年九十”。

182

1985年，胡乔木来到冯友兰家中，并致信北京大学，促其解决冯友兰工作中的实际困难。冯友兰辞世之后，胡乔木在致宗璞的信中说：“我在中学时即受人生哲学课，所用教材即冯先生所著，对先生思路之清晰，文字之富于情趣，印象甚深。其后凡所见冯先生著作，无不阅读。”

183

1985年12月，在冯友兰90寿庆会上，北大哲学系主任在致辞中说：“在解放前夕，冯先生担任清华校务会议代理主席，北平解放后，他把清华完整地交到人民手中，这是一个功绩。”听到人们对自己父亲的这种评价以后，宗璞的心情是“有些诧异，有些感动”。但冯友兰平静地说：“当时校长南去，校务委员会推选我代理主席，也没有什么大机智大决策，只是要求大家坚守岗位，等候接管。这也是校务会议全体同仁的意思。现在看来，人们的看法愈来愈接近事实。这是活到90岁的好处。”

184

冯友兰在九十多岁时，有一天对张岱年说："我现在决心采取《庄子·逍遥游》中所谓'举世誉之而不加劝，举世非之而不加沮'的态度了。"张岱年说："哲学家就应该采取这样的态度。"

80年代后期冯友兰与北京大学哲学系教授张岱年合影。

185

冯友兰的学生李真在上个世纪80年代中期，曾陪同美国俄亥俄大学美学教授金·布洛克尔（Prof Gene Beocker）去看望冯先生。当布洛克尔教授谈起他讲授美学课程时，冯友兰讲，美学与哲学是净化人生、陶冶性灵的重要学问，其功效远在宗教之上。在这一点上，他很同意蔡元培先生的论点。还认为，强调美学与哲学，这是中国文化优秀传统的重要内涵。

186

冯友兰讲，真正的中国人已造成过去的伟大的中国，这些中国人将要造成一个新中国，在任何方面，比世界上任何一国都有过之而无不及。爱国主义成为他治学、为人的最终推动力。

187

1987年秋，一朋友到冯友兰家中，谈到最近所读《师友杂忆》一书，书中有胡适对冯友兰的评价："天下蠢人恐无出芝生右者。"冯友兰听后，默然良久后说："胡适顶聪明，但他'作了过河卒子，只得勇往直前。'我却不受这种约束。"

188

1988年秋，学生羊涤生去老师冯友兰家，看到他自书对联"阐旧邦以辅新命，极高明而道中庸"。对此冯友兰说："前一联是说我所做的工作，后一联讲的是境界。"

189

1988年秋，有人请冯友兰担任《孔子大辞典》的顾问，讲到新儒学，认为冯先生是新儒家，对此他说："这是一个帽子。"

190

申光亚回忆说：1988年冬拜访冯友兰先生时，他已行动艰难。他的女儿宗璞告诉我："凡家乡来人，家父都要见的。"当得知唐河县新建图书馆时，便捐资一万元购买书架，还捐出他上个世纪30年代、以几百元银元购买的百衲本线装《二十四史》。他在1985年还资助一万元，为祁仪乡中学兴建教学楼——清芝楼，为此还写下墨宝："清芝楼　纪念冯母清芝太夫人。其

友兰书屋系冯友兰先生为河南南阳唐河图书馆捐书藏书处。

子冯友兰助资兴建并题额。一九八五年十二月。”

191

1989年初，应台湾一杂志社约稿，刘鄂培访问了冯友兰。

问：“您的《中国哲学史新编》第六卷已经交稿，在这一卷中有哪些特点？”

答：“否定了太平天国，给曾国藩翻案。”

问：“国内学术界近40年来一直把太平天国当作农民起义来歌颂，为什么您要否定它？”

答：“我之所以否定太平天国，因为太平天国是要推行神权政治。我们学习西方，应该学习它的长处，不是学习西方的短处；是将中国推向前进，而不是向后拉；我们努力的目的是中国的现代化，而不是中国的中世纪化。假如太平天国统一了中国，那么中国的历史将退到黑暗时期。”

问：“太平天国是农民起义，建立的政权是否保留农民政权？”

答：“有人说，太平天国建立的是农民政权，这无论如何是不对的。中国在历史上未曾建立过农民政权。朱元璋原是农民起义的领袖，可是他取得了政权就再也不是农民领袖，而是大明的太祖高皇帝，他建立了另一个封建朝代。农民不代表新生产关系。朱元璋建立了政权，它不是农民的政权，也不能说是朱元璋篡夺了农民起义的成果。”

问：“否定太平天国和为曾国藩翻案是否一个问题的两个方面？曾国藩镇压了太平天国，有人说曾是屠杀农民起义的刽子手，这种说法是否公允？”

答：“对！否定太平天国必然为曾国藩翻案，为曾国藩翻案必然否定太平天国，可以说是一个问题的两个方面。曾国藩打败了太平天国，避免了中国历史倒退到神权政治的黑暗时期。他主张修建铁路，发展工业，开垦荒地，要把中国推向前进。应该说，这些都是曾国藩的功劳。打仗总是要死人的，主要是看是否推动了历史前进。曾国藩不是刽子手。我给曾国藩翻案，并不全是肯定，也有否定。曾国藩的错误有两个方面：一，主张维护中国旧传统。张之洞的‘中体西用’说是从曾国藩那里来的。二，主张工商官办。以政代工，以官代商。工厂成了衙门，商业成了官商。其流弊一直传到今天。”

192

1990年12月4日，在北京图书馆召开的“冯友兰哲学思想国际学术讨论会”上，北京大学教授陈岱孙回忆说：抗日战争时期，当时的长沙街头遍布逃难的芸芸众生，空中不时有敌机的轰炸与扫射，冯友兰先生正襟危坐，执笔著文，表面上他平静如常，实际上内心沸腾着中华儿女的满腔热血。当时我听了冯先生撰写“贞元六书”的初衷后十分震动，看到他每日坚持著书，非常感动，我很钦佩冯先生的爱国精神。

193

车恒茂是一位山西农民，他幼时上过几天学，喜欢品评时事人物。有一天，他与朋友闲谈时说：“国内大人物多出于南方。”朋友反驳说：“未必！大名人胡适是南方人，只写了半部《中国哲学史》，看起来像是美国人写的。北方有个冯友兰，却写完了全部《中国哲学史》，而且语言通俗好懂。”不想说者无心，听者留意。车恒茂从此记住了冯友兰的名字，知道有个上下两册的《中国哲学史》。后来，他刻意求购，在一个偶然的机会如愿以偿。

车恒茂在农村耕作之余，时时翻阅《中国哲学史》，遇到了一些疑难问题。他按着书上的地址，大胆地给作者冯友兰写信，以求指教。没想到冯友兰立即回信，漂亮的毛笔小楷洋洋洒洒，乐得车恒茂心跳眼热，更加坚定了耕读自学的决心。从此，他们二人便开始了书信来往。后来，冯先生开始撰写《中国哲学史新编》，每出版一册，冯友兰便寄赠车恒茂样书，还陆续赠送了其他几种哲学著作。

车恒茂说：“在我，视先生为哲学家、大教授；在先生，却看我如兄弟亲友，每次来信都以同辈称呼，解惑释难从不居高临下，尽是启发、讨论口吻。”他与冯友兰开始通信是在1935年，通信关系一直保持到1990年5月，冯友兰病重住院，仍然让外孙女冯珏代笔，为车恒茂复信。

有一次，冯友兰在信中赋一联语述怀：“终身教研两依据，一生文章半检查！”车恒茂看到这副联语后，随即写信，同时附一嵌名联：“友交天下士，兰为王者香。”1990年岁尾，车恒茂在收音机里听到冯友兰逝世的消息。他老泪纵横，夜不能寐，至天明酿成一副挽联：

博学大儒，村夫野老，六十年鸿雁传谊，古人有几，今人有几，细思想我真有幸；

巨文宏章，高年遐龄，九十载书海探微，国内可数，国外可数，再琢磨公不足悲！

194

冯友兰的学术著作，条理清晰，逻辑严密，文章没有多余的字句。晚年眼睛不好，写文章全凭口授，由助手记录。他在记录稿上略作改动，核对引文，即成定稿。古代有下笔成文、出口成章的作家，多属短篇吟咏，或即席应酬之作。口授上百万字学术巨著的，实属罕见。

195

宗璞对父亲的晚年生活是这样描述的："他晚年不参加任何会议，一方面是因为身体欠佳，另一方面正表现了他看破一切、潇洒自如、'愈写愈自由'的心境。他竟说晋人懒得穿戴整齐，他当时很有体会。连穿戴都懒得，更不要说参加什么会了。"

196

从1979年起，冯友兰基本结束了30多年的检讨生涯，每天上午在书房两个多小时，口授《中国哲学史新编》。这一段生活大体上是平静的，愉悦的。他曾引孔子的话，"假我数年，五十以学易，可以无大过矣。"在他心目中，活着是为了多明白哲学道理，为了思想。他说：自己是“欲罢不能”。他不能不思想。他的最后15年，一切都围绕着《中国哲学史新编》的写作。甚至说，“现在治病，是因为书未写完。等书写完了，就不必治了”。果然书成后四个月，他便安然离去。

197

关于治学，冯友兰说：研究哲学有两种方法，一种是“照着说”，一种是“接着说”。前一种方法，是成就哲学史家的方法。后一种方法，是成就哲学家的方法。

198

冯友兰在晚年引用美国哲学家杜威的话，来评价北京大学校长蔡元培：“拿世界各国的大学校长来比较一下，牛津、剑桥、巴黎、柏林、哈佛、哥伦比亚等等，这些校长中，在某些学科上有卓越贡献的固不乏其人；但是，以一个校长身份，而能领导那所大学对一个民族、一个时代起到转折作用的，除蔡元培而外，恐怕找不到第二个。”他接着说：“杜威的论断是中肯的，我还要附加一句：不但在并世的大学校长中没有第二个，在中国历代的教育家中也没有第二个。”

199

冯友兰讲：在振兴中华的伟大事业中，每一个中华民族的成员，都应该尽其力之所及做一点事。我所能做的事，就是把中国古典哲学中的有永久价值的东西，阐发出来，以作为中国哲学发展的养料，看它是否可以作为中国哲学发展的一个来源。我认为，中国古典哲学中有些部分，对于人类精神境界的提高，对于人生中普遍问题的解决，是有所贡献的，这就有永久的价值。

200

美国纽约州立大学奥尼盎塔分校法学教授、美籍华人学者曹日新先生，请教冯友兰如何看待中国哲学与西方哲学的关系。冯友兰很风趣地说："作为哲学，中国哲学和西方哲学都是在探讨一些哲学问题；但由于不同的文化背景和历史条件，它们又会有各自不同的特点。这好比中餐和西餐一样。但是，不论是吃米饭或吃面包，中国人和西方人都不会是吃泥巴和砖头的。关键是阐明其特点与共同点之所在。"

201

冯友兰说：历来的著作家，凡是有传世之作的，都是呕出心肝，用他们的生命来写作的，照我的经验，作一点带有创作性的东西，最容易觉得累。无论是写一篇文章或写一幅字，都要集中全部精神才能做得出来。这些东西，可能无关宏旨，但都需要用全副生命去做，至于传世之作就更不用说了。春蚕到死丝方尽，蜡炬成灰泪始干。蚕是用它的生命来吐丝的，蜡是用它的生命来发光的。

202

自从1982年出版《中国哲学史新编》第一卷以后，到1984年，《中国哲学史新编》已出版6卷。1990年7月，冯友兰写完《中国哲学史新编》的最后一卷，这一年他95岁。冯友兰最后10年完成的这部学术论著十分重要，这10年是他人生中最光彩的一段时光。

203

冯友兰的学生王中江说：冯先生的大脑真是不可思议，晚年他的耳目逐渐丧其聪明，但其思维却仍惊人地清楚，说出来的话仍是逻辑性强，井然有序。这恐怕主要是他善于用脑、善于思考、善于分析之故。

204

冯友兰在《三松堂自序》中说，他的长处是能把复杂的事情说得很简单，金岳霖的长处则是能把简单的事情说得很复杂。

205

冯友兰晚年提出要“修辞立其诚”。这句话见于《易传·乾文言》。其意是：我们说一句话，写一篇文章都要表达自己的真实见解，自己的见解是怎样，就怎么样说，怎么样写。这叫立其诚。自己的见解可能不正确、不全面，但只要确实是自己的见解，说出来写出来，就是立其诚了。

206

冯友兰认为：“现代历史是向着‘仇必和而解’这个方向发展的……人是最聪明、最有理性的动物，不会永远走‘仇必仇到底’的道路。这是中国哲学的传统和世界哲学的未来。”

207

1990年12月4日，是冯友兰的95岁华诞。早在半年以前，中国文化书院即联络海内外学术界同仁，筹备“冯友兰哲学思想国际研讨会”，并计划会议在12月4日召开。但是冯友兰没有等到这一天，在11月26日去世。

208

1990年12月4日下午，在北京医院向冯友兰遗体告别。灵堂高悬一副挽联：

为天地立心，为生民立命，求仁得仁，安度九十五岁；

誉之不加劝，非之不加沮，知我罪我，全凭四百万言。

209

“冯友兰哲学思想国际研讨会”，变成了追思会。武汉大学一位教授为“研讨会”期间祝贺冯友兰寿辰，曾赋诗一首：

御风反顾论天人，南渡北归道益尊。

贞下起元昭学脉，经虚涉旷见精神。

旧邦新命传真火，蚕赋云歌盼好春。

岳峙渊渟仁者寿，三松堂外颂声频。

不料会议正式开始的前几天，冯友兰去世，这位教授只好再撰一副挽联：

稷下最老师，蚕赋云歌，体贴出“旧邦新命”四字，呕尽心肝传真火；

松堂富奇想，春兰秋菊，留世有“贞元之际”六书，独标境界唤真人。

210

1991年，李慎之在《读书》杂志上发表文章评价：冯友兰知识最广博、鉴别最精当、介绍最系统、解释最明白。中国人要了解、学习、研究中国哲学，一般说来必须通过冯友兰为后来者架设的桥梁。学者王浩说：“冯先生可超而不可越。意思是，后人完全可能，而且也应当胜过冯先生，但是却不能绕过冯先生。”

211

“1993年10月，一位哲学系获得“冯友兰奖学金”的学生说：很多同学有幸考入了北大，却以未能获准入读哲学系为憾事；有幸入读哲学系了，又以未能获得这个奖学金为憾事。

212

冯友兰晚年讲:“路是要自己走的，道理是要自己认识的。学术上的结论是靠自己的研究得来的。一个学术工作者所写的应该就是他所想的。不是从什么地方抄来的，不是依照什么样本摹画来的。”

213

冯友兰和女儿宗璞一家，住在北京大学燕南园57号。这里是一所幽静的宅院，在树木葱茏中有三棵古老挺拔、枝叶繁茂的松树，他很喜爱这三株松树，因之就为寓所命名，并题额为“三松堂”，进而把自己七十余年笔耕的500万字著作，总题为《三松堂全集》。

燕南园57号三松堂（1957—1990年居此）大门。

214

由于冯友兰数十年来勤学不辍，博闻强识，所以他在著述中每有引用经传原文时，总是不假思索，脱口而出。经查阅《十三经索引》等工具书，每不爽毫厘。

215

冯友兰认为：宋代理学家张载说的“仇必和而解”，便是世界未来的趋势。第一次世界大战后，酝酿出一个“国联”。第二次世界大战后，诞生了一个“联合国”。这就是逐步趋向和平共处的明证。

216

有一次，冯友兰和学生羊涤生谈起上个世纪30年代十教授关于“全盘西化论”的辩论。他说：“十教授宣言中说的，对中国传统文化要‘存其所当存，去其所当去’，实际上是废话，等于没说。”他又说：“什么是中国特色？中国特色不是靠哪一个去规定的，也不是像汽车一样，想涂上什么颜色，就涂上什么颜色，中国特色是从内部生长出来的，自然而然的，老百姓实际上已经在用了。如说某人的不正之风是‘见利忘义’，义利之辩就是公私关系问题，是中国传统哲学中的老问题。对不正之风不能头痛医头，脚痛医脚，治好了这个脓包，别的地方又长出脓包来了。按照中医的理论，关键是要清血。”

217

一位学者讲：“冯先生的《中国哲学史》，是每个与西方文化打交道的知识分子，包括高层次的自然科学家都应该一读，或多或少地领悟一下中华文化的精髓，否则每当向西方世界介绍说我们有五千年的文化传统时，都会内心感到不安。”

218

冯友兰讲：对初学中国哲学史的人来说，古代汉语就好比“拦路虎”。必须扫清这个“拦路虎”，才能顺利地进行学习与研究。读古人的书容易“望文生义”。“望文生义”会犯知识性错误，会闹出笑话。

219

晚年的冯友兰说：“全盘西化是不可能的，除非黄皮肤变成白皮肤，黑眼珠变成蓝眼珠。胡适之先生早在二三十年代就提出全盘西化的主张，但连他自己都不相信他的主张能实现。我历来主张中西文化的差别不是地域的差别，在两者关系上要求同存异。随着中国经济的发展和科学的进步，总有一天，中西文化会在世界范围内融会贯通。这就是《易传》说的‘一致而百虑，殊途而同归’。”

220

冯友兰在谈到严复所译书风行全国的原因时说：“在严复的译文中，斯宾塞、穆勒等人的现代英文却变成了最古雅古文，读起来就像读《墨子》《荀子》一样。中国人有个传统是敬重好文章，严复那时候的人更有这样的迷信，就是任何思想，只要能用古文表达出来，这个事实本身就像中国经典的本身一样地有价值。”

221

冯友兰的学生王中江说：冯先生的文章，与严复的文章一样，有文学上的价值。在中国哲学领域，能达到这一点，格外难得。他体现了白话的进步，而又兼有文言的简洁和古雅。所以，读起冯先生的文章，既轻松，又美妙。

222

蒙培元回忆老师冯友兰时讲：先生给学生以充分的自由，并无任何限制，更没有“门户”之见。他所关心的是分析能力、学术水准、理论水平，而不是观点本身。只要你“言之成理，持之有故”，他并不在乎你的观点与他相同还是不同。他要求学生要独立思考，有独创精神，即使是提出“非常奇怪之论”，如果有事实根据和理论价值，他也是很赞赏的。每次和先生谈话，他都鼓励我不要囿于前人“成说”，更不要为时论所左右，要走自己的路，要提出自己的见解。

223

冯友兰一生不吸烟，能饮酒但不多。从步入老年时期起，就严格控制自己，做到生活有规律，起居有定时，不再饮酒。早上六点起床，入睡不超过晚上十点。每天上午九至十一点半为固定著作时间，坚持午睡。每天下午要做一遍“祛病延年二十式”，以活动肢体、舒展筋骨。他是精神乐观，心胸豁达，才得以长寿95岁。

224

宗璞讲：“父亲很重视读者来信，许多年常常回信，星期日上午的活动常常是写信。和山西一位农民读者车恒茂老人就保持了长期的通信，每索书必应之。”

225

钱钟书夫人杨绛说：1938年，清华大学聘钱钟书为教授，据那时候清华的文学院长冯友兰先生来函说，这是破例的事，因为按清华旧例，初回国教书只当讲师，由讲师升副教授，然后升为教授。冯友兰去世以后，钱钟书说“冯先生是我的恩师”。

226

1995年，在纪念冯友兰先生百年诞辰时，一位著名学者说：近来在教学之余，部分地重温了冯友兰的《中国哲学史》与《人生哲学》，深感冯先生是一位十分开放的学者，他对哲学的追索探寻，反映了自本世纪初以来，中国知识分子在寻找真理方面的登山、历险精神。他是一位吸收各家之长，能容纳多元思维的哲学家，他对于儒道两家同异的比较及对古今中外哲学学派的比较研究，显示出冯友兰探索之深，萃集智慧之广，渴求真理之诚。

227

著名哲学家张岱年1995年曾撰文总结：“‘西学东渐’以来，中西哲学的结合是必然的趋势。当代中国哲学界最有名望的思想家是熊十力先生、金岳霖先生和冯友兰先生，三家学说都表现了中西哲学的融合。熊先生的哲学是由佛学转向儒学的，也受到柏格森生命哲学的影响，在熊氏哲学体系中，‘中’层十分之九，‘西’层十分之一。金先生惯于用英语思考问题，然后用中文写出来，对于中国古代哲学的精义也有较深的体会和感情，金先生的体系可以说是‘西’层十分之九，‘中’层十分之一。唯有冯友兰先生的哲学体系可以说是‘中’‘西’各半，是比较完整的意义上的中西结合。”

228

1995年，为纪念冯友兰百年诞辰，郑敏写下《忆冯友兰先生的“人生哲学”课》一文，文中写道：“没有想到冯先生的‘人生哲学’与‘中国哲学史’课，却像一种什么放射性物质，一旦进入我的心灵，却无时不在放出射线，影响着我的思维与感性结构。”

229

宗璞在纪念父亲百年诞辰时说："二十世纪的学者中，受到见诸文字的批判最多的便是冯先生。甚至在课堂上，学生们也先有一个指导思想，学习与批判相结合，把课堂讨论变成批判会。批判胡适先生的文字也很多。但是他远在海外，大陆这边越批得紧，对他可能反而是一种荣耀。对于冯先生来说，就是坐在铁板上了。在这样的情况下，当时的哲学工作者，除了极少数例外，几乎无人不在铁板下加一把火。这里我绝没有责备的意思。那是时势使然，个人很难违抗。应该说的是，冯先生对于批判者从来不心存芥蒂，在家里从来没有对哪一个个人表示过不满。他知道烧烤别人的人自己并不好受，而且大多后来也受到烧烤。'夫子之道忠恕而已矣。'我在父亲身上感到他充满理解与同情的博大胸怀。"

230

1995年，著名哲学家任继愈在冯友兰先生百年诞辰时评价说："他在垂暮之年，用全力捍卫中国文化，继承既往，铸造未来。他振奋精神，战胜年老多病的折磨，克服连遭亲人伤逝的悲痛，承受急风骤雨的冲刷，写他的哲学史。90岁以后，目近失明，耳近失聪，耗尽最后心力来完成他的哲学史。如果没有一种使命感作为精神支柱，换上另外一个人，早已支撑不住了。”

231

1995年12月，清华大学举办纪念冯友兰百年诞辰学术讨论会。会议期间，原清华大学文学院的一些毕业生，联合署名宣读了一篇纪念性的文字，文中说：“冯友兰先生任文学院院长18年，在此期间，延聘学者，奖掖人才，并提出释古的观点，主张对历史要作同情的了解。他与清华诸师长一起，开一派之学风，在文史哲各方面钻研精进，形成了清华学派，后人总结为四个要点：中西结合，古今结合，宏观与微观结合，海派活泼创新的见解与京派扎实严肃的研究相结合，为我学术界、教育界作出了多方面的贡献……在我们纪念冯友兰先生时，我们不只记住了他的哲学和他对哲学史研究的贡献，我们还记住了他和师长们一起用心血灌注的清华文学院。”

在这封纪念信上署名者，是清华文学院1933年至1951年间毕业的部分学生：曹禺、林庚、季羡林、端木蕻良、韦君宜、英若诚、文洁若、资中筠等。

232

季羡林曾经用“晚节善终，大节不亏”八个字来评价冯友兰的一生。

233

2000年8月3日，《光明日报》发表《朱光亚和他的老师吴大猷》文章，文章称：“两弹”元勋朱光亚是唱着校歌“中兴业，需人杰”而成长起来的，校歌的作者正是冯友兰。

晚年的冯友兰先生。

极高明而道中庸

——冯友兰先生的人生给我的启发

1．我第一次知道冯友兰先生这个名字，是在1979年，我17岁，在北京师范大学历史系读书。其因是：我的老师白寿彝先生讲，他的老师冯友兰先生告诉他们，文史哲不分家，学习历史，如果没有哲学的高度，就看不透历史的规律。这个观点对我影响很大。

2．我在19岁前后，开始整理历史上的河南人对中国历史所产生的影响资料，才知道冯友兰先生是河南人，与我是同乡。所以，从搜集资料的角度，对冯先生所知日益增多。这一时期听老师说，他在“文革”时期跟着“四人帮”跑，参加了“梁效”写作班子，被审查了好几年。我觉得很困惑，一个哲学家把什么事情都看透了，尤其是到了晚年，看人生更为明白，怎么会犯这种事呢？因此，希望了解他的人生经历的愿望更为强烈。

3．1986年，我到河南省人民政府省长办公室工作，与冯友兰先生的老家人、南阳行署和唐河县政府的同志，有较多接触，他们都以家乡出了冯友兰先生而感到自豪。这使我认识到，家乡人对本地诞生的历史人物的热爱，远远超过外乡人。

4. 1994年我和李玉梅大姐开始采访中原文化名人，冯友兰先生必然是我们要采访的重点人物，遗憾的是他在1990年便已去世。那么，采访他的家人，便列入了我们的计划之中。正因为采访的要求，使得我开始较多的搜集冯先生的著作和其他资料。在搜集过程中，忽有一悟，哲学家越老越厉害，姜还是老的辣。人生春夏秋冬四季，冬季才是哲学家的春天。对哲学家来说，春季太嫩。

5. 冯友兰先生在1949年国共两党内战最激烈的时候，作为哲学家的他，在人生道路选择上，不应陷入两党之争，不应在阶级阵营选择上，从一个阶级走向另一个阶级，而应留在美国，至少看看再说，不要急于回国，不介入国共两党阶级斗争之中，而应超然于两个阶级之上、两党之上，这才是哲学家的选择。只可惜，他这一步走错了，使得他在此后几十年中受尽了磨难。后来，在无奈中，又参加了“梁效”班子。今天的哲学家们，或者在更大范围上称之为学者们，独立思考还是最重要的，要和政治保持一定的距离，尤其是政治斗争，学者们千万不要参加，那不是你擅长的专业。

6. 冯友兰先生的长寿救了他，如果他在85岁之前去世了，那么这个人生句号就画在了1980年，中国改革开放这个新时代，冯先生就看不到了，那么他人生最辉煌的85岁至95岁这10年的大著作，就不会诞生。没有这10年的人生反思和著作，历史对冯先生的评价，将会是另外一个样子。也正是站在反思人生这个角度，冯先生从1949年至1980年所经过的大灾大难，才变成了财富。如果没有这最后10年呢，磨难就不是财富了，而是炼狱般的痛苦。所以，长寿对一个人物在历史上的地位确定，至关重要，因为，他可以俯瞰同时代已去世的同龄者。笑到最后，便会最好，即是此意。

7. 最佩服冯先生在85岁这个高龄时，还壮心不已，要写出一部哲学史巨著，为此竟用了10年时间。冯先生为什么长寿？其因就在他的使命尚未完成，他不能走。使命完成了再走。人就是这么一口气，有了这口气，就来劲，就不会无缘无故地早死。你要想来劲，有那么个精气神儿，你就主动承担属于你的一个使命吧！

8. 2007年我认识了清华大学教授、当年已80岁的刘鄂培先生，他是冯友兰先生、张岱年先生的学生。因他要筹备岱老百年诞辰纪念活动，希望我积极参加，为此而在

宗璞与作者蒋晔等人共商冯友兰先生纪念事宜。

2008年2月9日（正月初三），去北京大学“三松堂”，拜访冯先生的女儿宗璞老师，请她在倡议书上签字，80岁的宗璞老师大力支持。自此以后我与宗璞老师多次交流。使我对冯先生为什么总是讲北宋哲学家张载的“横渠四句”以及“阐旧邦以辅新命”，有了更深的理解。在此基础上，我在撰写《“中国印”摩崖石刻记》碑文时，很自然地就把这两个思想，以“新命旧邦”四字、以“为天地立心，正气浩荡。为生民立命，宠辱皆忘。为往圣继绝学，智慧未央。为万世开太平，人类无疆”这四句话，写入这一碑文，镌刻于北京密云县的云蒙山之巅。

作者蒋晔与夫人武京予（左一）、清华大学教授刘鄂培（左二）在北京大学拜访冯友兰女儿宗璞（右二）。

9．冯先生关于人生的“四个境界”观点，对我们今天仍有重要启发意义，即：自然境界、功利境界、道德境界和天地境界。达到天地境界，便会道法自然，便会“极高明而道中庸”，便会实现“海阔天高我自飞”。